HUMANITIES AND SOCIETY

现代社会想象

Charles Taylor

[加拿大] 查尔斯 · 泰勒 著 林曼红 译

译林出版社

图书在版编目（CIP）数据

现代社会想象/（加）泰勒（Taylor, C.）著；林曼红译.
—南京：译林出版社，2014.2（2019.6重印）
（人文与社会译丛）
书名原文：Modern Social Imaginaries
ISBN 978-7-5447-1346-7

I.①现… II.①泰… ②林… III.①社会学－研究－西方国家－现代 IV.①C91

中国版本图书馆 CIP 数据核字（2014）第 023246 号

著作权合同登记号 图字：10-2017-468 号

现代社会想象 ［加拿大］查尔斯·泰勒 / 著 林曼红 / 译

责任编辑 潘志娟
封面设计 胡 苨
责任印制 单 莉

原文出版 Duke University Press, 2004
出版发行 译林出版社
地 址 南京市湖南路 1 号 A 楼
邮 箱 yilin@yilin.com
网 址 www.yilin.com
市场热线 025-86633278
排 版 南京展望文化发展有限公司
印 刷 江苏凤凰通达印刷有限公司
开 本 880 毫米 × 1230 毫米 1/32
印 张 5.875
版 次 2014 年 2 月第 1 版 2019 年 6 月第 2 次印刷
书 号 ISBN 978-7-5447-1346-7
定 价 45.00 元

主 编 的 话

刘 东

总算不负几年来的苦心——该为这套书写篇短序了。

此项翻译工程的缘起，先要追溯到自己内心的某些变化。虽说越来越惯于乡间的生活，每天只打一两通电话，但这种离群索居并不意味着我已修炼到了出家遁世的地步。毋宁说，坚守沉默少语的状态，倒是为了咬定问题不放，而且在当下的世道中，若还有哪路学说能引我出神，就不能只是玄妙得叫人着魔，还要有助于思入所属的社群。如此嘈嘈切切鼓荡难平的心气，或不免受了世事的恶刺激，不过也恰是这道底线，帮我部分摆脱了中西"精神分裂症"——至少我可以倚仗着中国文化的本根，去参验外缘的社会学说了，既然儒学作为一种本真的心向，正是要从对现世生活的终极肯定出发，把人间问题当成全部灵感的源头。

不宁惟是，这种从人文思入社会的诉求，还同国际学界的发展不期相合。擅长把捉非确定性问题的哲学，看来有点走出自我囿闭的低潮，而这又跟它把焦点对准了社会不无关系。现行通则的加速崩解和相互证伪，使得就算今后仍有普适的基准可言，也要有待于更加透辟的思力，正是在文明的此一根基处，批判的事业又有了用武之地。由此就决定了，尽管同在关注世俗的事务与规则，但跟既定框架内的策论不同，真正体现出人文关怀的社会学说，决不会是医头医脚式的小修小补，而必须以激进亢奋的姿态，去怀疑、颠覆和重估全部的价值预设。有意思的是，也许再没有哪个时代，会有这么多书生想要焕发制度智慧,这既凸显了文明的深层危机,又表达了超越的不竭潜力。

于是自然就想到翻译——把这些制度智慧引进汉语世界来。需要说明的是,尽管此类翻译向称严肃的学业,无论编者、译者还是读者,都会因其理论色彩和语言风格而备尝艰涩,但该工程却绝非寻常意义上的"纯学术"。此中辩谈的话题和学理,将会贴近我们的伦常日用,渗入我们的表象世界,改铸我们的公民文化,根本不容任何学院人垄断。同样,尽管这些选题大多分量厚重,且多为国外学府指定的必读书,也不必将其标榜为"新经典"。此类方生方成的思想实验,仍要应付尖刻的批判围攻,保持着知识创化时的紧张度,尚没有资格被当成享受保护的"老残遗产"。所以说白了:除非来此对话者早已功力尽失,这里就只有激活思想的马刺。

主持此类工程之烦难,足以让任何聪明人望而却步,大约也惟有愚钝如我者,才会在十年苦熬之余再作冯妇。然则晨钟暮鼓黄卷青灯中,毕竟尚有历代的高僧暗中相伴,他们和我声应气求,不甘心被宿命贬低为人类的亚种,遂把迻译工作当成了日常功课,要以艰难的咀嚼咬穿文化的篱笆。师法着这些先烈,当初酝酿这套丛书时,我曾在哈佛费正清中心放胆讲道:"在作者、编者和读者间初步形成的这种'良性循环'景象,作为整个社会多元分化进程的缩影,偏巧正跟我们的国运连在一起,如果我们至少眼下尚无理由否认,今后中国历史的主要变因之一,仍然在于大陆知识阶层的一念之中,那么我们就总还有权想象,在孔老夫子的故乡,中华民族其实就靠这么写着读着,而默默修持着自己的心念,而默默挑战着自身的极限!"惟愿认同此道者日众,则华夏一族虽历经劫难,终不致因我辈而沦为文化小国。

一九九九年六月于京郊溪翁庄

献给万达

目　录

致谢　001

前言　001
第一章　现代道德秩序　001
第二章　何为一种“社会想象”？　018
第三章　理想主义的幽灵　026
第四章　伟大的抽离　043
第五章　经济作为客观化的现实　060
第六章　公共领域　073
第七章　公共的与私人的　089
第八章　具有主权的人民　095
第九章　一个全方位的秩序　124
第十章　直接进入的社会　134

第十一章　动因与客观化　140
第十二章　叙事的模式　149
第十三章　世俗性的意义　157
第十四章　边缘化的欧洲　166

致　谢

首先要感谢加拿大学会给我颁发1996—1998年度的“伊萨克·基拉姆纪念研究奖金”，如果没有这笔经费，我是不能这么快就开始写作这本书的。

这本书是我正在准备撰写的《生活在一个世俗时代》的一个主要部分的扩展，也是我1999年在爱丁堡大学所作吉福德讲座的主题。

我在此也要向其他一些人致谢。这本书是过去数年在“超文化研究中心”的研讨成果。这些研讨在本书中占有如此重要的地位，以至于有人会说“中心”在某种意义上是这本书的集体合著者。我特别要感谢阿尔琼·阿帕多拉伊，拉杰夫·巴尔加瓦，克雷格·卡尔霍恩，迪利普·高恩卡尔，尼路费·戈尔，本杰明·李，托马斯·麦卡锡以及迈克尔·华纳。

前言

从一开始，现代社会科学的第一大问题就一直是现代性本身：新实践与制度形式之间史无前例的融合（如，科学、技术、工业生产以及城市化），新生活方式的融合（如，个人主义、世俗化以及工具理性），以及一些令人不适的新形式的融合（如，异化、无意义以及社会即将解体的感觉）。

在我们今天的时代，需要从一个新的角度来考虑这个问题：现代性到底是一种单一现象，还是我们要提到“多种多样的现代性”呢？这里的多种多样，是否反映了这样一个事实，即其他非西方的文化已经以它们自己的方式被现代化了，而我们如果试图用原本以西方的思维所设计的普遍理论去领会它们的话，将无法对它们进行适当的理解呢？

本书要探讨这样一个假设：如果我们能够对现代性的自我认识有一个更清楚的定义，我们就可以对先前的，以及当代的关于现代性的问题有一些了解。基于此观点的西方的现代性是离不开某种社会想象的，而要理解当今的多种现代性之间的差异，则需要通过各自不同的社会想象。

这一方法，与强调现代性的“理念”而反对其“制度”的方法是不同的。社会想象并非是一系列的理念，相反，它是使社会的实践通过被人理解而得以落实的。这一重要观点将在第三章具体阐述。

我的目标并不高远。我要概述那些作为西方现代性兴起之基础的社会想象的形式。我的重点是放在西方历史，并未涉及当今新出现的许多现代性。不过，我希望对西方特性的进一步界定，能帮助我们更清楚地看到，通往当代现代化的不同道路之间的共同之处。在这一部分的写作中，我显然是大量地借鉴了本尼迪克特·安德森[1] 的开创性著作《想象的共同体》，以及于尔根·哈贝马斯、迈克尔·华纳和皮埃尔·霍桑瓦隆等人的作品。我在本书会一一提到他们的论点。

我的基本假设是：社会道德秩序中的一种新概念，对于西方现代性是至关重要的。这种概念起初只是一些有影响的思想家的想法，但后来逐渐形成了层面宽广的，最终是整个社会的社会想象。这一概念现在对我们来说是如此的自明，以至于我们难以把它看作是许多有可能的概念中的一种。这种道德秩序转变为我们的社会想象，构成了某些特定的社会形式。也正是这些形式，构成了西方现代性的特性，例如，市场经济、公共领域和人民自治等等。

---

① Benedict Anderson, *Imagined Communities*（London: Verso, 1991）.

第一章
现代道德秩序

我要从道德秩序的新视角谈起。这在17世纪出现的自然法的新理论中阐述得最为清楚，它主要是为了回应由宗教战争而引起的国内和国际上的混乱。格劳秀斯和洛克是我们阐述这一问题所要引用的最主要的理论家。

格劳秀斯认为，支撑政治社会的规范秩序源自于其组成成员的本质。人类是理性的、喜欢群居的个体，为了相互的利益，人类注定是要和平协作的。

自从17世纪以来，这种思想越来越主宰着我们的政治思维以及我们想象社会的方式。这种起源于格劳秀斯的理论，指出了何为政治社会，即它的目的以及它如何形成。但是，任何这样的理论，也不可避免地提出了道德秩序的观点：它告诉我们应该如何在社会里共同生活。

社会的图景是这样的，一些带着特定目的的个人，在某种既存的道德背景之中，走到一起，共同建立一个政治实体。道德背景是自然权利的一种；这些人彼此之间已经有了某些道德义务。他们所追求的是某些共同的利益，在这当中，安全保障是最为重要的。

道德秩序的基本观点强调了作为个人，我们彼此所享有的权利和应履行的义务，即使是在缔结政治纽带之前或在政治纽带之外。政治义务应被看成是这些更为基本的道德纽带的延伸或应用。政治权威之所以是合理的，仅仅是因为它被社会个人所认同（原始的契约）。这个契约根据人们信守承诺这一固有原则而建立起具有约束力的义务。

根据后来演变的契约理论，即使是经过洛克在同一世纪晚期的发展，格劳秀斯所得出的道德政治的结论也是温和的，平淡得让人吃惊。人们所认可的政治合法性的基础，并非是为了质疑现有的各级政府之可信度而设立的。相反，这一基础的设立，是要致力于减少会导致那些过于不负责任的宗教狂热分子反叛的诱因。这就假设了现有的合法政权是完全建立在某种认可的基础之上的。格劳秀斯也试图为宗教纠纷之外的战争与和平的基本法则，寻找坚实的基础。在17世纪早期的处境下，伴随着不断爆发的激烈的宗教战争，如此的努力完全是可以理解的。

洛克是第一位运用这样的理论为革命正名的，并且以此作为限制政府权力的依据。现在人们可以严肃地诉诸权利以反对权力。公众的认可，不仅仅表现在当初同意设立政府，而且还体现在愿意继续纳税的权利上。

在随后的三个世纪，从洛克到我们今天的时代，虽然契约的语言可能已经淡化到只被少数理论家所使用，但是社会是因个人的互利而存在，以及对这些权利进行捍卫的基本理念，却变得越来越重要。也就是说，它既成为把旧的社会理论及其新的竞争对手推到政治生活和语言之边缘的主导观点，也促成了政治生活中越来越多的具有深远意义的观点的提出。凭借洛克的同意纳税的折中观点，对原初的认可的要求，成为我们今天所实行的人民主权论的完备学说。自然权利的理论，通过成为当代政府的一个重要特征——固定的宪章，结果产生了一个密集的网络去限制立法和行政行为。平等的设想隐含在自然状态的起点，即人们可以把所有高贵和低微的关系置之度外的地方[①]，它已经涉及越来越多的领域，最后促成了许多平等协议或非歧视条款，构成了最为固定的宪章中的一个基本成分。

换言之，在过去的四个世纪，蕴含在如此社会观点中的道德秩序理论，已经经历了双重发展，包括在范围上（更多的人依赖它，它已经成为占主导地位的）和在强度上（它的要求更高、更具复杂性）的发展。这样的观念在某种程度上已经经过了一系列“编订”，每一次都比先前的来得更丰富、要求更高，直至形成今天的版本。

这种双重的发展可以从几个方面去追溯。对自然法的现代阐述始于一个相当专业的小圈子。它为哲学家和法律理论家们提供了一种话语，让他们用这种话语去讨论政府的合法性、战争与和平的规则以及现代国际法的新生学说。但是，随后它便开始渗透到其他小圈子，并改变其话语。其中的一个例子，就是在我正讲述的故事中起到重要作用的，是道德秩序的新观念如何开始去改变、去重述上帝的预定天命，以及他为人类和宇宙所设立的秩序。

对我们今天的生活来说，更为重要的是，关于这种秩序的观念已经成为我们对社会和政体越来越重要的认识，而且这样的认识一直在重塑的过程中。在这一发展的进程中，它从一个赋予几位专家的话语以活力的理论，演变成为我们的社会想象中不可或缺的部分，即我们的同龄人想象他们所居住和维持的社会的方式。

从一个小圈子迁往许多小圈子，从一个理论到社会想象，这种发展

---

① 在约翰·洛克的《政府论（二）》中，把自然状态界定为一种条件，“在这种状态下，一切权力和管辖权都是相互的，没有哪一个人拥有多于他人的权力。非常明显，同一种族和同等地位的人们生来就享有同样的自然权利，拥有同样的能力，因此他们理应相互平等，而不应该存在从属或隶属的关系，除非他们所有人的主宰明确宣告他的意志，把一个人置于另一个人之上，并明确地把毋庸置疑的统治权和主权交给他。”参见Locke的*Two Treatises of Government*, ed. Peter Laslett（Cambridge, England: Cambridge University Press, 1967），第二篇，第二章，第4段，第287页。

亦可见于第三条轴线，这条轴线是由这种道德秩序对我们的要求所界定的。

有时，道德秩序的构想，并没有伴随着一种要真正去完全实现它的期盼。这并不意味着它不带有任何期盼，否则它就不是我所说的那个意义上的道德秩序的概念了。它要被看作是一种人们需要去追求的、可以去实现的道德秩序，但在广义上来说，只有少数人能够真正成功地去追随它，至少在目前的条件下是这样的。

因而，基督教的福音提出了圣徒团契的思想。这样的思想被对上帝的爱、对彼此之间的爱以及对人类的爱所激励，使得圣徒团契里的成员免于争竞、相互怨恨、贪爱财富和统治野心等等。中世纪人们的普遍期望是，只有少数的圣人是真正地被这样的理想所激励，且不得不居住在这个极大地偏离了这一理想的世界里。但是在适当的时候，这会成为上帝的最后审判里的一个秩序。我们可以说这是一种道德秩序，而不仅仅是一种无偿付出的理想，因为人们认为，它处于完全实现的过程中。只是现在时机还未到。

另一语境下一个稍远点的类比，是对乌托邦的一些现代理解，即有些事在一些最终可能的条件下是可以实现的，但与此同时，那也成为一种方向性的标准。

与此不同的是那些在现阶段就几乎需要完全实现的秩序。这可以从两个方面来理解。一方面，秩序的建立是为了使其得以实现；这是常规。中世纪对政治秩序的概念通常是这样的。在理解“国王的两个身体”方面，他个人的生理上的存在既实现了也例证了他不朽的皇家的“身体”。除了在极端例外的、令人反感的无序情况下，例如，在一些骇人的篡权的情形下，否则这种秩序是完全能得以实现的。这与其说是为我们提供一个了解现实的秘方，不如说是提供了一个与环绕着我们的宇宙相关的“存在之链”。它为我们在阐释学上提供了对现实进行理解的线索。

但是，一个道德秩序可以与现实有着另外一种关系，这种关系是尚未实现的，却要求得以完整的付诸实践。它提供了一个绝对必要的处理方案。

把这些不同点归结起来，我们可以说道德或政治秩序的概念既可以是终极的，像圣徒的团契，也可以是为现时服务的。而如果是后者的话，它既可以是阐释学意义上的，又可以是具有指导意义的。

现代的秩序理念，与中世纪的基督教理想相对比，从一开始就可以看出，它是为解决时下的问题的。但是它也确实是从一个更有阐释意义的路径转到一个更具有规范性的路径。现代的秩序理念，正如当初被格劳秀斯和普芬道夫等思想家用在原初的小范围内一样，为已确立的政府之基础提供了阐释；立足于一个所谓的建国契约，这些政府享有无可置疑的合法性。自然法理论在其原初就是对这种合法性的阐释。

但是在洛克那里，政治理论已经可以证明革命是正确的，而且事实上，让革命在一定情况下成为道德的必需；与此同时，人类道德困境中其他的普遍特点为诸如所有权的合法性提供了阐释。后来，这种关于秩序的观念将被不断修正，甚至要求更具革命性的变化，包括体现在卢梭和马克思等人富有影响力的理论之中的财产所有权观念。

这样，随着从一个小圈子转向许多小圈子并从理论转移到社会想象，现代的秩序理念也沿着第三条轴线前进，所产生的话语也是由阐释性过渡到规范性的。在这一过程中，它与一系列的伦理概念交错着，但由此而产生的融合具有共性，即它们在本质上利用了由现代的自然法理论所沿袭下来的这套对政治和道德秩序的理解。

这种三轴线方向的扩展，的确是值得注意的。它急需进一步的解释；遗憾的是，这并不包含在我要集中精力为现代社会想象的兴起作出因果解释的初衷之内。如果能够对其所采取的形式略加澄清，我将非常乐意。但从本质上看，这会帮助我们更有针对性地集中在因果解释的问题上，下文将提到我对这些问题展开的一些随想。现在，我要进一步探究这一现代秩序特有的特征。

根据上文，需要明确的是，我所用的道德秩序的概念超出那些应该支配我们的相互关系以及/或者政治生活的既定准则。对道德秩序的理解增加了对准则的意识和接受，这是一种对世界、神圣的行为以及人类生活的特征的认同，这使得某些准则既是正确的又是（就目前陈述的问题而言）可实现的。换言之，秩序的表象不仅为人们提供了何为正确的概念，而且告知人们，在一定的处境下去奋斗并渴望实现（至少是部分实现）正确的事是有意义的。

很显然，从烙有格劳秀斯和洛克印记的自然法理论，经过一系列的变革而沿袭下来的道德秩序的表象，与那些前现代时期的深植于社会想象中的道德秩序表象，是截然不同的。这里有两种重要的前现代的道德秩序值得一提，因为我们可以看到，在转向政治现代性的进程中，它们是如何逐渐被格劳秀斯和洛克的思潮占上风、取代以及边缘化的。一种是建立在一个民族之律法的理念之上的，这种理念自远古时代就一直统治着一个民族，并且从某种意义上来说，界定了这一民族。这种理念似乎在印欧的部落中广为流传，这些部落经过不同阶段的发展，形成了欧洲。它以《古代宪章》为名，在17世纪的英格兰十分具有影响力，并且成为为背叛国王的做法正名的主要理念之一。[①]

这一例子足以表明，这些理念在意义方面并非总是保守的。但是在这一范畴内，我们也要把在农民的群体中似乎代代相传的规范秩序考虑进去。他们从这一规范秩序中发展出了一幅“道德经济”的图像，据此，农民们可以批评地主们强加给他们的担子，或是谴责国家、教会向他们征收的苛捐杂税。[②] 这再次说明，原来可接受的对重担（责任）的分

① 参见J. G. A. Pocock, *The Ancient Constitution and the Feudal Law*, 2d ed.（Cambridge, England: Cambridge University Press, 1987）。

② “道德经济”这一术语是借用于E. P. Thompson, “The Moral Economy of the English Crowd in the Eighteenth Century”, *Past and Present* 50（1971）：第76—136页。

配，被篡权所替代，而它应该回归原来的面貌。

另一种道德秩序是根据社会等级的概念来组建的，它反映并回应了宇宙的等级秩序。这些经常在柏拉图主义—亚里士多德学派关于形式的概念语言中得到理论性的阐述，但深层的概念在相对应的理论中也得以凸显，例如，国王在他的王国，就像狮子在其他动物之中，也像鹰在鸟类中一般。根据这样的观点，产生了一种理念，即人类世界的无序可以与自然界共鸣，因为事物的正常秩序正在受到威胁。邓肯被谋杀那夜，“空中的悲鸣，奇怪的死亡尖叫”扰乱了宁静，即使到天明之时依然是一片黑暗。在上星期二，一只猎鹰被一只捕鼠的猫头鹰给啄死，而邓肯的马在夜里也变得狂野，“不服驯，就像它们要同人类宣战似的”。[①]

在这两个事例中，尤其是第二个，我们拥有了强加于事情发展的秩序；反叛与冲突超越了单一的人类领域。这似乎是前现代时期道德秩序理念的一个十分常见的特征。安那西曼德把任何偏离自然规律的事物都看成是不公正的，并认为，凡是抵抗自然界的事物，终究要“根据既定的时间，各自为其不公正付出代价，受到惩罚”。[②] 赫拉克利特对事物的秩序也有类似的叙述，他提出，即使太阳偏离了其运行的轨道，复仇女神也会抓住它并把它拖回到原来的位置。[③] 当然，柏拉图主义的形式概念在变幻的世界中一直积极地影响、塑造着许多事物和事件。

在这些例子中，我们可以清楚地看到，道德秩序不仅仅是一系列的规范、准则，它还包含着我们可能称之为“本体的”组成部分，识别使规范准则得以实现的世界的特征。从格劳秀斯和洛克沿袭下来的现代秩

---

① *Macbeth*, 2. 3. 56; 2. 4. 17—18. 同时参见Charles Taylor, *Sources of the Self*（Cambridge: Harvard University Press, 1992），第298页。

② 引自Louis Dupré, *Passage to Modernity*（New Haven: Yale University Press, 1993），第19页。

③ “太阳不能越出它的限度；否则那些复仇女神——正义之神的女使——就会把它找出来。”引自George Sabine, *A History of Political Theory*, 3d ed.（New York: Holt, Rinehart and Winston, 1961），第26页。

序，并不能在赫西奥德、柏拉图所提出的意义上或邓肯被谋杀的宇宙反应中自行实现。医此，这会使人不自觉地想到，道德秩序的现代理念整体上缺少了一个本体的组成部分。但这可能是一种错误的理解。有一个很重要的不同点，而这一不同点在于这一事实，现在这一组成部分是关于我们人类的特征，而不是关于感人的上帝或宇宙的特征，不在于一个本体层面上的假定的缺失。

如果我们能集中考虑理想化的自然法理论与先前占主导地位的理论之间的不同，那么我们对秩序的现代理解之独特性，就凸显出来了。前现代的社会想象，尤其是那些具有等级性的，是由不同的具有等级互补性的模式建构而成的。当时的社会是由不同的等级组成的。它们相互需要、彼此互补，但这并不意味着它们的关系是真正相互的，因为它们不是存在于同一个层面。相反，它们组成了一个等级阶层，其中，有的等级比其他的更具有尊严，更富有价值。一个经常被反复引用的例子是中世纪理想社会的三个等级：神职人员（那些祈祷的人）、斗士（那些斗争的人）、工人（那些工作的人）。显然，每组人群都需要他人的存在，但毫无疑问，对每组人群的人格尊严之衡量标准是不同的；有些人群的功用在本质上比其他人群的要来得高级。

在这样的理想中，重要的一点是，对功用的分配本身就成为规范的等级秩序中关键的一部分。这不仅是每个等级应该为其余的等级发挥其特定的功用，只要他们是处于这种相互关系之中。我们还要考虑到其他的可能性，也许事物的运作和我们所想象的很不同（例如，在同一个世界里，每个人都祈祷、作战、劳作）。不，等级阶层的区别本身就被看作是事物的正当秩序了。这是社会的本性或形式的一部分。在柏拉图主义和新柏拉图主义的传统中，如此的形式已经在世界中起作用，任何使其偏离的企图，只能使它与现实相悖。这样的企图会使社会改变其本性。因此，在这些早期理论中，有机暗喻有着巨大的力量。有机体就像是这些形式运作的范例，致力于医治社会的创伤，治愈它的疾病。与此同时，社会所表现出的对不同功用的安排，也不仅仅是偶然的；是“正常”和正确的，就像脚应该是长在头之下一样。

现代的理想秩序是与此完全分离的。这不仅是因为柏拉图的形式没有施展之地：与此相关联的是，一个社会所能发展出来的任何功用的分配都是依条件而定的；它会从效用上被证明是否必要；它自身不能去界定善。事实上，其基本的规范准则是，每个社会成员都为相互的需要而服务，互相帮助；简而言之，他们每个人像是有理性、善于社交的人在行事。他们以这样的方式互补。但是，要想最有效地达到这样的效果，他们需要承担特定的功用划分任务，却未被赋予必要的价值。这种划分是随意的，具有潜在的可变性。在一些情况下，它只是暂时的，就像古代的城邦所具有的准则一样，即我们都可以成为统治者，且可以轮流统治。在其他一些情况下，它却需要终身的专业性，但是，其中缺乏内在的价值，因为一切行业在上帝看来都是平等的。不管怎样，现代秩序并未给等级体系或任何特定的划分结构赋予本体的地位。

换言之，新的规范秩序的基本要点是组成社会的个体之间的相互尊重和彼此服务。它的实际结构是要为这些目的服务的，并且根据这些目的对结构进行评判。这样一个事实模糊了新旧秩序的差别，即旧的秩序也确保了一种相互的服务：神职人员为平信徒祈祷，而平信徒支持神职人员，或为他们工作。但关键的一点在于，旧秩序中等级阶层的分工是不同的，而在新的理解里，分工从个人以及他们对彼此服务的责任开始，当人们最有效地履行各自的职责时，分工便不复存在。

因此，柏拉图在《理想国》的2I中，从个体的非自足性，谈到了需要建立一个相互服务的秩序。但他很快就意识到，基本点就在于这个秩序的组织结构。当我们看到，这样的一个秩序，在与灵魂中的规范秩序进行类比和互动时，我们最后的一个疑虑将被消除。相形之下，在现代的理想中，整个关注点在于相互的尊重和服务，不管是以何种方式取得的。

我已经叙述了这种理想与早先的柏拉图模式下具有等级互补性的秩序之间的两个不同点：柏拉图的形式在现实中已不再起作用；对各种功用的分配本身也并非是规范的。第三个不同点与上述两者有连带关系。对于从柏拉图哲学派生出来的理论来说，在正当的关系中不同阶级之间的彼此服务，包括了为他们创造条件去塑造最高的德性；的确，这是整个秩序为其成员所要提供的服务。但是在现代的理想中，相互的尊重和服务是为了实现我们的普通目标：生活、自由，以及自我和家庭的维持。社会的组织，如我在上文所言，并非以其内在的形式，而是以功用来评判。我们可以进一步说，这样的组织，其功用关系到组织中的自由个体之基本生存条件，而不是其德性的最高境界，虽然我们也可以断定，我们需要高度的德性去扮演好我们在社会组织中的角色。

这样，我们对彼此的基本服务，就是提供集体公共安全（这是后一时代的语言），让我们的生命和财产在法律的保护下得以安全。不过，我们也在从事经济交易的过程中相互提供服务。这两个主要的目标——安全与经济繁荣，现在是有组织的社会之首要目标，可以被看成社会组成成员互利交易的自然本质。在理想的社会秩序里，我们的目标可以互相啮合，各人在追求自身发展的同时也帮助他人。

这样的理想秩序并不被认为是人类独创的。相反，它是上帝所设计的，在这个秩序中，万物根据上帝的意图而彼此联系。到了18世纪后期，相同的模式也被投射到宇宙中，认为宇宙是由一系列完美连结的部分组成的，其中，每种造物的目的与其他造物的目的都是相互啮合的。

这种秩序为我们有建设性的活动确定了目标，只要它是在我们的权力之内，不管是在颠覆它或是实现它的权力之内。当然，当我们从整体来看，我们可以看到这样的秩序在相当大的范围内已经得以实现了。然而，当我们关注人类事件时，可以看到我们是如何背离、颠覆这种秩序的。我们需要努力回归到这样的秩序中。

这一秩序被认为是明显地体现在事物本质之中的。当然，如果我们去查阅《启示录》，我们也可以发现《启示录》中所表述的、我们需要遵守秩序的诫命。但是，仅仅理性就可以告诉我们何为上帝的旨意。一切有生命的，包括我们人类，力图保存自己。这就是上帝的作为：

> 上帝既然创造了人，并且如同在其他所有动物的身上一样，在人身上植入了一种强烈的自我保存的愿望，而且还为世界上的人类提供必需的衣食以及其他生活必需品，使人能够按照上帝的旨意，在世界上生存一段时期，而不让一件如此奇妙的工艺品因其自身的疏忽或者因必需品的缺乏而再次消亡……上帝……告诉人类，（即）指导人类，依靠感觉和理性来利用那些可以赖以生存的东西，并教给他保存自己的手段。……既然上帝已经亲自把保存自己生命和存在的强烈欲望，作为一种行为准则植入人体，那么理性，作为人类心中的上帝之声，就只能教导他，并且使他相信：按照他所具有的自我保存的自然趋势行事，就是服从他的造物主的旨意。[①]

既然我们被赋予理性，我们就知道，不仅我们自己的生命，而且所有人类的生命都需要得以保存。再者，上帝把我们创造成为群居的种类，以至于“每个人必须保护自己，不能随意改变自己的地位。基于同样的理由，当他对自身的保存不存在竞争时，他就应该尽其所能去保护其余的人类”。[②]

同样，洛克认为，上帝赋予我们理性和自我约束的能力，这样我们就可以利用这些能力去最有效地为自我保存而经营。洛克接着说，我们需要“勤奋和理性”。[③]这种强调约束和进步的伦理，本身就是上帝在其

---

① Locke的 *Two Treatises*，第一篇，第九章，第86段，第223页。

② 同上，第二篇，第二章，第6段，第289页；同时参见第二篇，第十一章，第135段，第376页；以及*Some Thoughts concerning Education*的第116段。

③ Locke的 *Two Treatises*，第二篇，第五章，第34段，第309页。

创造的自然秩序中的一种要求。人类自加秩序的意愿本身也是上帝设计的要求。

我们可以看到，在洛克的阐述中，他是如何从互利的交易来看社会成员相互间的服务的。“经济”（有序的、平和的、有生产力的）活动已经成为人类行为的模式以及和谐共存的关键。与等级互补性的理论相比，我们进入了一个和谐的、相互服务的区域。这并没有达到超越我们平凡的目的与目标的程度，相反，是在根据上帝的设计，履行着我们的目的和目标。

如此的理想化一开始就完全与事物的发展不同步，因而，它几乎与各个社会阶层的有效社会想象也是不同步的。根据等级互补性原则，人们的生活有效地运转着，从王国到城市、到主教教区、到教区、到家族以及到家庭。在家庭里，我们依然可以切身体会到这种等级差异，因为只是到了我们这个时代，男女之间等级互补的古老模式才全面受到挑战。然而，这是漫长历程中的后期阶段。现代的理想化，在朝着上文所提到的三个轴线方向前进的过程中，已经与我们的社会想象在每个层面上有了实质性的联系，使之发生转变，并带来革命性的结果。

此结果中所包含的革命性，使得那些最先吸收这一理论的人们，无法认识到它可以被运用在一系列我们今天看来显而易见的领域中。对生活中等级互补形式的有力把握——在家庭中，在主人和仆人之间、在地主和农民之间、在精英和平民之间——使人们确信，新的秩序原则应该是在一定的范围、限度内使用的。这甚至不被看作是一种限制。在我们看来最不能容忍的矛盾，也许却被看作是常事，例如，在18世纪，辉革党以人民的名义为寡头政治辩护，那些辉革党的领袖们却认为那只是常事。

事实上，这是源于他们对“人民”的陈旧理解，是源于对秩序的前现代理解，即上文所提到的第一种秩序概念。它认为，一个民族是根据一个远古时代就已经存在的法律而建立的。这样的法律可以凭借着某些因素让一些人成为领袖，那么这些领袖就自然而然地成为人民的代言人。甚至早期欧洲的革命（或是我们所认为的革命）也是贯彻着这样的理解而展开的。例如，法国宗教战争中的反暴君派，并未赋予无组织的群众以反叛的权利，而是将权利赋予“附庸的王族”。英国的议会也是在同样的基础上对查理一世进行反叛的。

这一漫长的历程也许只是止于今日。或者，我们也是思维局限性的受害者，基于此我们的后代也会指责我们是自相矛盾的或是假冒伪善的。不管怎样，在这一历程中，近期发生了一些重要的事。我是从这一角度提到当代的性别关系的，但是，我们还要记住，就在不久之前，我们所谓的整个现代社会的组成部分，依然是置身于现代社会想象之外的。尤金·韦伯让我们知道有多少法国农民团体，是到了19世纪末叶才发生变化，才使得法国成为一个拥有四千万市民的国家。[①]他清楚地让我们看到，他们先前的生活模式在多大范围内是依赖于极其不平等的互补行为模式的。这不仅仅体现在性别上，尤其也体现在一些年轻的同胞兄弟姐妹身上。他们放弃自己的继承权，为了使家族的财产得以完整保存并持续下去。在一个贫瘠的、缺乏安全感的、一直受到匮乏威胁的世界里，家庭和群体的规则成为生存的唯一保障。现代个人主义的模式似乎成为一种奢侈品，同时也是一种危险的嗜好。

这是容易被忘却的，因为我们一旦完全置身于现代社会想象中，我们就会认为，这是一个可行的，也是唯一有意义的模式。毕竟，我们不都是个体吗？为了共同的利益，我们不是在社会上相互联系吗？还需要用什么其他的方法来衡量我们的社会生活吗？

置身于现代的范畴里，我们对现代进程容易产生曲解的观点。这主要表现在两个方面。第一，我们趋向于把秩序的新原则之进程，及其

① 参见Eugen Weber, *Peasants into Frenchmen*（London: Chatto and Windus, 1979），第28章。

对传统的互补模式的取代，看作是以“群体”为代价而兴起的“个人主义”。然而，如此对个人的新理解，就在另一方面不可避免地带来对社会性的新理解。互利的社会，其功用的划分完全是有条件的，而其社会成员从根本上是平等的。这一点基本上没有被看到。由于我们把取代旧的互补性模式看作是对群体生活的破坏，因此，个人被看作是首要的。这就给我们留下一个长期的问题，即如何促使或强制个人进入某种社会秩序，使其遵守、服从社会的规则。

这种反复的带有破坏性的经历是真实的。但这不应该掩饰这样一个事实：现代性也是社会性之新准则的兴起。破坏产生了，诚如我们看到的法国大革命一样，因为经过战争、革命或快速的经济变革，人们在立足于新秩序之前，就被驱逐出旧模式。也就是说，他们还没来得及把变化了的实践与新准则相结合，从而形成一种切实可行的社会想象。但是，这并不表明现代的个人主义在本质上能够解决群体的问题。也不能解决霍布斯提出的现代政治的困境：我们如何把原子式的个人从囚徒困境中解救出来？真正的、反复出现的问题已经被托克维尔或我们这一时代的弗朗索瓦·傅勒更好地定义了。

第二方面的曲解是为人熟知的。现代准则——我们天生或在本质上不就是个体的吗？——对我们来说是如此的自明，以至于我们试图把现代性的兴起看作是一种“减法”。我们只需要从旧的视角里解放出来，而后，新秩序里相互服务的构想，就会成为显而易见的选择。这无需任何有创新的洞察力或有建设性的努力。在你摒弃旧的宗教和形而上学之后，显然就只剩下个人主义和互利的理念了。

但是，事实正好相反。人类所经历的大部分历史都伴随着互补性的模式，且夹杂着不同程度的等级观念。享有平等的岛屿是存在的，像城邦的居民所生活的岛屿一样。但是，如果看得更全面的话，你就会看到这些岛屿是坐落在等级的海洋里。更不用说，这样的社会对现代个人主义是何等的陌生。令人相当惊讶的是，它不仅从理论层面上可以最终进入现代个人主义，而且可以转变和穿透社会想象。既然这样的想象与人类历史中具有空前力量的社会相联系，要抵制它，似乎是不可能的，也是失去理智的。不过，我们也不要落入一个思维的时代错误，认为事情总是这样的。

对这种错误的最好矫正办法就是再次回想那漫长的、经常引起冲突的历程中的一些阶段，正是这样的历程让上述的理论促成了我们的想象。在进一步论述中，我会在这方面有所着墨。现在，我要总结上文的讨论，为对道德秩序的现代理解提纲挈领。我们可以列出三点，最后还要再加上第四点。

一、起初对这一互利秩序的理想化，源于一套权利和合法规则的理论。它始于个体，并且认为社会是为个体而建立的。政治社会被看作是前政治时期的一个工具。

这种个人主义意味着对先前占主导地位的等级观念的否决。根据先前的观念，人们只有置身于大社会，才能成为正当的道德行动者。而这样的大社会之本质，就是呈现出等级互补性。最初的格劳秀斯—洛克的理论反对所有这样的观点。亚里士多德是否认一个人在社会之外可以完全实现个人能力的最显著的代表。

随着这一秩序的理念向前发展并产生了新的版本，它再次与把人界定为社会动物的哲学人类学相联系，这种学说认为人无法自行行使道德责任。卢梭、黑格尔和马克思是早期的例子，而我们当代的许多思想家都是他们的追随者。但我依然认为这些观点是对现代理念的修正，因为它们所提出的一个秩序良好的社会，是把平等的个人之间的相互服务关系当作一个重要因素来考虑。即便是对那些认为中产阶级个人是虚幻的，以及此目标只有在共产主义社会里才能实现的人来说，相互服务的关系也是他们的目标。即使涉及与自然法的理论家们的伦理观念背道而驰的观念，而事实上，那也更接近于他们所反对的亚里士多德的观点，现代理念的核心依然是我们的世界中固定不变的观念。

二、政治社会作为一个手段，可以让个人为了彼此的利益而相互服务，为彼此提供安全保障、促进交易和繁荣。社会中的任何差异都是要根据此目标来裁定的；等级阶层或其他形式的差异并非在本质上是好的。

就像我们从上文所看到的，相互服务的意义在于满足人们平凡生活的需要，而不是去致力于赢得个人的最高美德。相互服务是为了保证人们作为自由行动者而存在的条件。这里也涉及后来的修正。例如，在卢梭看来，自由本身成为重新界定美德的基础，而真正的互利秩序与保障自我依赖之美德的秩序不可分割。不过，卢梭及其追随者依然集中强调要保障自由、平等和普通生活的需求。

三、这样的理论始于政治社会必须服务的个人。更重要的是，这种服务是通过保护个人的权利来界定的。自由对这些权利来说是至关重要的。自由的重要性是在一项要求里得到证明：政治社会应该建立在那些被其约束的人们同意的基础上。

如果我们对实行这一理论的语境进行反思的话，我们就会看到，这种对自由的极度强调是过于武断的。互利的秩序是一种需要构建的理想。它可以指导那些希望建立稳定的和平而后重建社会，使之更接近其社会准则的人们。这一理论的支持者已经把他们自己看作是通过自由的、受过训练的行为能改变他们自己的生活以及改变大社会秩序的行动者。他们是老成的、受过约束的自我。他们的自我理解是建立在自由能动性的基础之上的。在他们当中，强调权利和自由的首要性，并不仅来自于社会应为其成员而存在这一原则，也反映了持此主张者对他们自己的能动性的感知，以及对能动性在世界中所规范性地要求的形势的感知。这一形势，就是自由。

因此，在这里起作用的伦理是需要根据能动性的条件和对理想

> 秩序的要求来共同界定的。我们可以把这种伦理看作是自由和互利的伦理。这两个术语在此都是不可缺少的。这是为何在源自于此伦理的政治理论中，人们的赞同起着如此重要的作用。

总而言之，我们可以这么说：(1)互利的秩序在个人之间是成立的(或者至少在独立于等级秩序的道德行动者中是成立的)；(2)这些利益主要包括生存和谋生的手段，虽然要保证这些利益与德性的实践有关；(3)秩序是为了保障自由，也很容易被表述为是保障权利。在此，我们可以加上第四大点：

> 四、这些权利、这种自由、这种互利，必须保证让社会的所有参与者都平等地获得。对平等的真正含义，会有不同的解释，但有一点是可以断定的，就是以某种形式去拒绝等级秩序。

这些是现代道德秩序理念中重要的特征、不变的常量，是经过各种各样的修正而得来的。

第二章

何为一种“社会想象”？

在上文，我已经几次提到了“社会想象”这个术语。也许现在到了进一步解释这一术语的时候了。

我所指的社会想象，比人们在闲散的状态下思考社会现实的智力活动，要来得更深刻、更广泛。我正在考虑的是，人们想象其社会存在的方式，人们如何待人接物，人们通常能满足的期望，以及支撑着这些期望的更深层的规范观念和形象。

社会想象和社会理论之间存在着重要的差别。我采用了“想象”这个词，首先，因为我强调普通人“想象”他们社会环境的方式。而这种方式，通常不是以理论术语，而是以形象、故事和传说来表述的。其次，理论通常是少数群体所拥有的，而在社会想象中令人感兴趣的是，理论是大多数人共同拥有的，就算不是整个社会所共享的。这就导致了这两者之间的第三个差别：社会想象是使人们的实践和广泛认同的合法性成为可能的一种共识。

事情通常是这样的：最初由少数人开创的理论会逐渐潜入社会想象之中，也许开始是在精英阶层中，而后就进入整个社会。格劳秀斯和洛克的理论就是经历了这样的过程，虽然在这一过程中有过许多更新，而且最终的种种表述形式也是很不相同的。

我们的社会想象在任何一个特定的时期都是复杂的。它包含了我们对他人的一种正常的相互期待感，是那种可以让我们履行构建社会生活的集体实践的共识。这也包含了对我们如何与他人协作，从而去履行公共实践的某种认识。这种认识既具有实在性，又具有规范性。也就是说，我们知道事情通常会如何进展，但是这一理念与事情应当如何进展以及哪些错误会使正常的实践无效的理念相结合。就举通过大选来选择政府的例子吧。使我们每个人的选举行为有意义的部分背景认识是我们对整个选举行为的意识，包括所有公民的参与；每个人可以自主选择，但选择的范围是一样的；每个人的微观选择可以汇集成具有约束力的、集体的决定。对这种宏观决定，我们还有一个基本认识，即我们有能力去分辨其中的犯规行为，如施加某种影响力、利用钱财拉选票、依靠威胁等等。换言之，这种宏观决定，如果要名副其实的话，就需要符合一定的规范准则。例如，如果一个少数派强迫其他所有人去服从他们的指令，这样的宏观决定，就不会是一个民主的决定。

对规范准则的如此理解，暗示着人们有能力去认知理想的状况。（例如，在一场竞选中，每个公民都能根据他/她所得到的信息，最大限度地做出自主的判断。）而在此理想之外的，是包含着对道德的或形而上学的秩序的理解，在这种理解的语境下，规范准则和理想具有了意义。

我所指的社会想象，超出了让我们的特定实践具有意义的直觉性的背景认识。这并不是对概念的任意延伸，因为正如在不理解的情况下就去实践，这种实践对我们来说是没有意义的，因而也是不可能的；要使得社会想象有意义，这一认识假定了我们对整体的困境就需要有一种更广阔的认识：我们如何应对彼此，我们如何走到目前的状态，又是如何与其他群体交往的，等等。

这种更广阔的认识是没有明显的界限的。这是当代哲学家们表述成“背景”[①]的认识的根本特性。事实上，这是对我们所处的整个环境的未经过组织的、未经过表达的一种认识。在这个环境中，世界的特性向我们呈现出来。由于这种认识的无界限、不确定的性质，它永远不能通过清晰的学说的形式来充分表述。这也是我这里要谈论“想象”而非“理论”的另一个原因。

因此，实践与其背景认识，两者之间的关系不是单向的。如果说认识使得实践有可能，那么，实践在很大程度上也带动了认识。在任何特定的时间，我们可以提及由一个特定的社会团体任意支配的集体行为的“库存”。这些是他们知道如何去承担的公共行为，从整个社会都参与的大选开始，一直到知道如何在接待大厅里开始与一群临时的朋友们进行有礼貌的但不深入的交谈。要想使集体行为成功实施，我们还需要做一些辨别，知道何时与何人如何说话；带有一张隐性的社会空间的地图，一张在什么样的场合、以什么样的方式、与何种人交往的地图。如果遇到社会地位或权位比我高的官僚，或是一群妇女，我也许根本就不会主动与之交谈。

对社会空间如此心照不宣的认识，并不同于对这一空间理论层面上的表述，能够区分不同的人群以及与他们相联系的规范准则。在实践中所隐含的这种认识支撑着社会理论，就像我能在熟悉的环境中周旋，表明了我对这一环境地图的认识。我能够很好地为自己确认方向，并不用去采纳这一环境地图所提供的整体观点。同样地，就大多人类历史和社会生活而言，我们依靠掌握共同的认识储备而行事，而非得益于理论的综述。人类早在为自己构建理论之前，就靠着社会想象运转得好好的。[②]

---

① 参见在Hubert Dreyfus, *Being in the World*（Cambridge: MIT Press, 1991），以及John Searle, *The Construction of Social Reality*（New York: Free Press, 1995）中的讨论，引用海德格尔、维特根斯坦以及博兰尼的思想。

② 在法兰西斯·福山对社会信任经济的有趣讨论中，提到了社会想象超出了已经

再举一个例子可能会有助于我们在其深度和广度上，对这种心照不宣的认识有更清晰的理解。就说组织一次游行吧。这说明游行这一行为已经储存在我们的库存里了。我们知道如何去召集人、如何选游行的旗帜、队伍又该是如何行进的。我们知道游行要在一定的界限内进行，既要从空间上（勿干扰特定的空间）又要在侵害他人的方式上（只在抗议的门槛内，不能采用暴力）。我们知道这些惯例。

让我们的行为成为可能的背景认识，是复杂的。但使之有意义的一部分认识是，设想我们与和我们有某种关系的他者对话——像我们的同胞，或其他人类。这里包含着一个语言行为的问题：说话者与说话的对象，以及对他们如何可以彼此存在于这种关系中的某种认识。在此存在着公共空间；我们彼此已经进行了某些对话。像所有的语言行为一样，对话既是针对曾经说过的话而说，又期待着将来要说的话。[①]

这种说话模式表明了我们处于什么样的立足点与他人说话。这种语言行为是带有强迫性的；我们要给听者留下印象；如果对方没听进去我们的信息，我们甚至会威胁他们因此而带来的后果。但与此同时，我们也要说服对方，不过依然带着强势。我们希望听话者能够，而且必须扮演可以和我们理论的人。

对于我们正在做的，例如，对政府和市民们说，必须停止对经费的

（甚至是可能）被理论化的方式。有些经济体认为建立大规模的非国营企业是有困难的，因为超出家庭以外的信任的气候尚未形成，或这种气候依然淡薄。这些社会里的社会想象因为经济联盟的目的划出了在亲族与非亲族之间的界限，这是在我们，包括在那些社会里的人们，都共享的经济理论中几乎没有提到过的。政府可以根据建成任何规模的企业都是在认识范围内的而只需鼓励的前设，被鼓励去采纳一些政策、法律上的变更、优惠待遇等等。但是在家庭中这种相互信任的严格界限会严重地影响这种认识，虽然有充足的理论让人们知道，他们如果改变经商的方式，会生活得更好。固有的社会空间分布图已经有了深深的裂痕，这些裂痕在文化和想象中根深蒂固，无法被更好的理论所纠正。Francis Fukuyama, *Trust*（New York: Free Press, 1995）.

① Mikhail Bakhtin, *Speech Genres and Other Late Essays*（Austin: University of Texas Press, 1986）.

裁减，这种直观的认识在一个大语境下是有意义的。我们会把自己看作是与其他人有一种持续的关系，在这种关系下，我们适合用这样的态度对他们说话，而不是，比方说，采用恭谦的请愿或是武装叛乱的威胁等办法。对于这一切，我们可以说，游行示威在一个稳定、有序和民主的社会里有着它的正常地位。

这并不意味着有些武装叛乱，如1985年的马尼拉事件，是不能被证明是完全正确的。在那些情况下，这种做法的目的正是引导专制向民主转变。

我们可以看到对上述做法的理解（没有这样的理解，我们是不会采取这样的做法的），的确是有意义的，因为我们领会到了更大的困境：我们如何继续维持或已经维持与其他人以及与政权的关系。这也相应地为我们打开了在我们所处的时间和空间里更广阔的视角：我们与其他国家和民族之间的关系（例如，我们正在努力效法的民主生活的外在模式，或是正在力图疏远的专制模式），以及我们在历史中所处的地位，在我们成长的叙述中所处的地位。凭此我们意识到通过和平示威来获得民主的能力。这是我们的祖先经过努力辛苦得来的，也是我们希望能够通过这种共同行为达到的。

因而，使任何特定的行为变得有意义的背景都是广泛和深厚的。它虽然不包含我们世界里的每件事，但是人们可以理解的相关特性并没有受到任何限制；正因为如此，我们可以说这种理解利用了我们整个世界，也就是说，利用了我们对在时空中、在其他领域里以及在历史中的困境的感知。

这样的大背景中一个重要的部分，就是我在上文所提到的道德秩序的观念。我在这里所指的，不仅仅包含对强调我们社会实践的一系列准则的理解，这些准则是使得我们的实践成为可能的直接认识的一部分。此外，还需要另一种理解和感知，就像我在上文所陈述的，要知道是什么使得这些准则有可能实现。这也是行为语境中的一个基本部分。人们不会为不可能得到的去游行示威，为乌托邦的理想去游行示威[①]——或者，如果他们这么做的话，那就因此成为另一种不同的行为。当我们游行的时候，我们所要表达的一部分内容（甚至更多的）是，民主社会对我们来说是有可能的，是我们可以带给大家的，尽管这受到我们老头子政权统治者们的怀疑。

这种自信是建立在这样一个基础上，即：例如，人类可以共同维持一个民主的秩序，这是在人类的可行性范围内的。这一基础将包含一系列道德秩序的形象。我们通过这些形象来理解人类生活和历史。说到这里，有一点是必须说清楚的，虽然我们的道德秩序形象使得我们的一些行为变得有意义，但是未必支持我们的现状。它们也可能成为革命实践的基础，就像在马尼拉一样，同时它们可能成为现有秩序的基础。

道德秩序的现代理论逐渐渗透和转变我们的社会想象。在这一过程中，原先只是一种理想化的，通过与社会实践相结合而成为一种复杂的想象。这些部分地是传统的社会实践，但经常在相互交往中被转化。这对我在上文所说的对现代秩序的延伸认识是至关重要的。我们的想象，如果没有这样的渗透和转变，也就不会成为我们文化中的主导观点。

我们见过这种过渡性转变的发生，例如，在当代西方世界中伟大的、开国的美国革命和法国革命。在这两个事件中，一种是灾难性较小的、更加平顺的过渡转变，因为民众主权的理想化与固有的民众议会选举实践，能够相对地、毫无问题地结合起来。而在另一个事件中，因为无法把同样的原则融入一系列稳定的、达成共识的实践中，这便成了

① 这并不意味着乌托邦不去经营他们的那种可能性。他们可以描绘我们今天无法仿效、也许我们永远也无法仿效的远方的国家或是偏远的未来社会。但其中重要的思想是，这些在人性的偏好中却是完全有可能的。这是摩尔的书中叙述者所想的：乌托邦是随性而活。参见Bronislaw Baczko, *Les Imaginaires Sociaux* （Paris: Payot, 1984），第75页。这也是柏拉图的思想，为摩尔的书以及其他一系列"乌托邦"的作品提供了一种范式。

长达一个多世纪的无常与矛盾冲突的一个主要原因。但是，在这两个伟大的事件中，人们都认识到理论在历史中的首要地位，这样的理论对革命的现代理念是十分重要的。基于这样的认识，我们开始依照取得共识的原则来重塑我们的政治生活。这种构成方法已经成为现代政治文化的中心特征。

当一种理论渗透和转变社会想象的时候，到底蕴含着哪些东西？在很大程度上，人们会开始从事、即兴发挥或者被纳进新的实践中。新的前景使得这些实践变得有意义，这种前景是在理论中首先被阐述的，也是使实践变得有意义的语境。这样，实践的参与者以前所未有的方式获得新认识。新认识开始界定他们世界的轮廓，而且，最终可以变成预想中事物的框架，这是再明显不过的了。

但是，这一过程不仅是单方面的，一种理论改变一种社会想象。逐渐使行为变得有意义，理论得到了诠释，就好像拥有了一个特殊的框架作为这些实践的语境。正如康德的抽象范畴的概念被运用在时间和空间的现实中时就变成是“图示化”的，理论在稠密的、广泛的共同实践中也被图示化了。[①]

这一过程无需在此结束。新实践，伴随着它所产生的深刻理解，可以成为修正理论的基础。理论也能反过来间接地改变实践等等。

我所说的漫长的征程是一个过程，新的实践或者对旧实践的修正要么是从一些特定团体和社会阶层的即兴创作发展出来的（例如，18世纪由受过良好教育的精英所组成的公共团体、19世纪工人阶层中的工会），要么是由精英以招募越来越广泛的群众基础的形式发展起来的（例如，在巴黎范围内的雅各宾派）。不管是这两者中的哪一个发展形式，一系列的实践在其缓慢的发展以及形成的过程中，渐渐地改变

① Immanuel Kant, “Von dem Schematismus der reinen Verständnisbegriffe”, 收录于 *Kritik der reinen Vernunft*, Berlin Academy Edition（Berlin: Walter de Gruyter, 1968），3：第133—139页。

了它们给人们所带来的意义，从而有助于构建一种新的社会想象（“经济”）。所有的这些情况，都导致了西方诸社会里的社会想象的具有深远影响力的变更，以及随之而来的我们现在所居住的世界的变更。

第三章

理想主义的幽灵

我讨论西方现代性是从强调秩序的理念开始的，这一理念首先是一种理论，而后它帮助形成了社会想象。这个事实对于一些读者而言带有“理想主义”的意味，认为理想主义在历史中是一股独立的力量。但实际上，因果关系箭头朝向相反方向。比如说，在对秩序的现代理解中经济模式的重要性，必须反映在实际生活中所发生的，例如，商人的涌现、农业的资本主义形式的出现、市场的扩大等等。这会给我们正确的、“唯物主义者”的解释。

我认为，这种反对意见是基于一种错误的二分法——把理念和物质因素相对立起来。事实上，在人类历史中，我们看到的是一系列人类实践，换句话说，既是人类在时间和空间里所进行的物质实践，经常是强制性维持着的，与此同时也是自我概念和认识模式。这些在社会想象的讨论中经常是不可分离的，正因为自我认识是对于那些参与实践者而言有意义的实践的基本条件。因为人类实践是那种有意义的实践，是由一些内在的理念支撑着的；我们无法为了询问什么是成因、什么是结果这样的问题来分清此二者。

唯物主义要变得有意义的话，就应该以不同的方式阐述，正如G. A.

科恩在他对历史唯物主义的精彩论述里所阐述的那样。[①]其大致的意思是：历史上有一些动因是占主导地位的，与物质有关系的，如经济方面的，与生活手段或权力相关的等等。这或许可以解释生产模式向“更高的”层次循序渐进变化的原因。在任何特定的情况下，一个特定的模式需要一些特定的理念、合法的形式、约定俗成的标准，以及其他一些东西。因此，众所周知，在马克思主义的理论中全面发展的资本主义与封建制度下的劳动条件是不相容的；资本主义需要正式的、（在法律意义上的）自由劳动者，他们可以流动并能够按照自己认为合适的条件出卖他们的劳动力。

唯物主义者在此所陈述的观点是，在生产模式、合法的形式以及理念等要素中，前者才是最主要的解释性的要素。促使行动者采取新模式的潜在动机，也会促使他们去接受新的合法的形式，因为这些对生产模式来说都是至关重要的。这里解释的形式是与目的相关的，与动力因果关系无关。一种动因关系被假定并纳入基于史实的描述中：因为合法的形式促进了资本主义的模式（直接起因），而与此模式休戚相关的行动者就会被引导去赞成新的合法形式（即使起初他们并没有意识到自己在做什么）。这是一种带有目的性质的解释，换言之，一种目的论的阐述。

必须指出的是，唯物主义，正如所阐述的，变得条理分明，却作为一条普遍原则以令人难以置信为代价。在许多语境下，我们都可以分辨出经济的动因是占主导地位的，并且成为采纳某些道德理念的原因。就像20世纪60年代的广告者，采用了表述个人主义的新语言，而最终被纳入新的理想中。但是，以经济术语来叙述宗教改革中因信救世的教义之传播，就显得不是很合理了。历史上唯一的总则，就是没有一个可以把一种动力的秩序当作一切驱动力的总则。理念在历史上总是为一系

① 参见G. A. Cohen, *Karl Marx's Theory of History*（Oxford: Oxford University Press, 1979），在以下的段落中我引用了他的分析资料。

列的实践所包裹，即使只是一些杂乱无章的实践。但是，致力于采纳和传播这一系列理念的动因是很不相同的；事实上，甚至还不清楚的是，我们有一个这些动因的固定类型（经济的、政治的、理念的等等），这是在整个人类历史中皆为有效的。

但是，正是由于理念被一系列的实践包裹着，这样可能是有用的，也能驱散对理想主义的不安，并且可以去阐述新的道德秩序的理念是如何获得力量以至于最终可以让它构成现代性的社会想象。

我已经提到过一种语境，在某种意义上，是这种秩序的现代理解之发源地，是理论家们以杂乱无章的实践去回应宗教战争所导致的破坏。他们的目的，是要寻找一个可以超越教派差别而存在的稳定的合法基础。但是，所有的努力，依然需要被置于一个更广阔的语境：可以被称为是对封建贵族的驯服或教化的过程，这一过程从14世纪末一直持续到16世纪。我所指的这种贵族阶级的变化，是从半独立的战争酋长——通常拥有大量的追随者，在理论上是忠于国王，而在实际上能够为各种目的而动用不受皇权限制的强制手段——变成王国或国家的臣仆，虽然可能经常拥有军事力量，但已经不再能独立动用此力量。

在英国，这种变化主要发生在都铎王朝时代。这一时代新兴的贵族是由在玫瑰战争中推翻前王朝的武士阶级的残余所组成。在法国，这一过程更加漫长而且矛盾更多，在老的佩剑贵族依然存在的情况下，逐渐诞生出一批新型的法官。

这一变化改变了贵族和上层精英的自我认识，包括他们的社会想象。这种想象并非是整个社会的，而是他们自己作为社会的一个阶级或一种秩序的想象。随之带来的是新的社交模式、新的理想以及为了完成自身的责任而需要接受培训的新理念。他们的理想不再是成为处于半独立状态的武士或骑士，拥有着相应的荣誉称号；而是成为朝臣，与其他人一起向皇权进言、为之效劳。新贵族要求的主要不是军事训练，而是可以帮助他成为民政长官的人文教育。民政长官的功用先是向其同僚、最终是向统治者进言和劝说，因而就需要培养自我表述的能力、雄辩的能力、劝说和交友的本领以及看上去既令人敬畏又随和、可亲的样子。旧贵族以他们的财产为生，一群扈从，也就是他们的附庸，围着他们转；新贵族则需要在法庭或城市里运作，这里的阶层关系更加复杂，经常是含糊的，有时至今都是不能确定的，因为娴熟的运作技巧可以刹那间把你推向顶点（而错误却可以让你突然跌入低谷）。[①]

这样，对精英的人文培训就有了新的重要性。不是教你的孩子马背上的枪术，而是让他去阅读伊拉斯谟或卡斯蒂利昂的作品，这样，他才知道如何得体地说话，给人留下良好印象，在各种情况下说服他人。在新的社会空间里、在新的社交模式里，这种训练是有意义的，只有这样，贵族或名门出身的孩子们才一定会获得成功。这种新的社交模式，不是被礼仪化的格斗，而是在一种类似平等的语境下进行的对话，交谈，取悦，说服。我在这里所指的“类似平等”并非没有等级阶层，因为宫廷里充满了等级；而是等级制度要适当分类的一种语境，因为上述提到的复杂性、模棱两可性和不确定性。一个人要学会在既定的彬彬有礼的限制内与各种不同层次的人交谈，因为这就是所谓的取悦人、具有说服力的本领所要求的。如果你总是滥用职权而忽略那些职位在你之下的人，或者你总是结结巴巴不敢和你的上司说话，你是不会有什么发展前途的。

这些品质经常涵括在“恭谦有礼”的概念中，这一概念的词源帮助人们认识展示品质的空间。这是一个古老的概念，可以追溯到12和13世纪行吟诗人的时代，一直到15世纪欣欣向荣的勃良第宫廷时代。只是它的意思已经改变。那些古老的宫廷是半独立的斗士们经常云集的、为王

---

① 这是迈克尔·曼在谈到英国的例子时所说的转型，是从“被协调的到有机的状态”的转向（1:458—463）。在这一时期（英国，荷兰）宪法政权的处境下，他把这一转型与他所说的“阶级—国家”联系起来（480）。Michael Mann, *The Sources of Social Power* （Cambridge, England: Cambridge University Press, 1986）.

室成员表演马背枪术比赛和展示官阶的地方。但是，当卡斯蒂利昂写了他的畅销书《廷臣论》时，文中所写的是乌尔比诺公爵的城市朝廷，廷臣有他永久的居所，而他的职业是为统治者进谏。这样的生活是一种持续不断的对话。

“恭谦有礼”在后来的意思中又逐渐和另外一个词“文明举止”联系起来。这个词同样包含着深厚的背景故事。

这个故事中重要的一点源自于文艺复兴时期的关于文明举止的概念，它是我们的“文明”之祖先，具有同样的影响力。这是我们所拥有的，而其他人所没有的一些品质。这些人缺乏在我们的生活方式中我们所重视的卓越、文雅以及重要成就。这些人都是那些“野蛮人”。正如我们从这些词可以看出，其中象征性的根本对比：一种在森林里的生活和一种在城市里的生活。

城市，伴随着古代文明，被看作是人类生活最好的和质量最高的地方。亚里士多德已经清楚地阐明，人们只有在城邦里才能使人性得以充分地发扬。“文明举止”一词和拉丁语中用来翻译“城邦”的词是相联系的。事实上，由此而引出的希腊语的表述也和密切相关的意思连用：在17世纪，法国人谈到警察国家，这是只有他们才有的，而那些野蛮人所没有的。（后面，我会谈到“优雅”社会之理想的重要性。）

因此，这个词所指的部分意思是政府的一种模式。一切需要有序的管理，统治者和地方官需要根据一定的法律行使他们的职能。因为在他们身上投射出“自然人”的形象，而野蛮人被认为是缺少这些东西的。但是，在大多数情况下，他们真正缺少的是我们所认为的现代国家的构筑，政府的一个持续性的工具，在其手中集中了控制社会的大权，因而政府可以在一些重要的方面重塑社会。[①]随着这个国家的发展，人

---

① 这包括，并且超出了韦伯所说的重要的“对合理使用武力的垄断”。参见“Politics as a Vocation”，收录于H. H. Gerth和C. Wright Mills合著的*Max Weber*（New York: Oxford University Press, 1964），第78页。

们就会逐渐看到一个“警察国家”所具备的特征。

这种力求文明举止的政府模式也保证了一定程度上的国内和平。它与那些贵族少年或人群中的惹是生非、随意又未经过授权的暴力、聚众闹事等等是不符合的。当然，在现代社会的早期，有很多这样的事件发生。这就提醒我们，文艺复兴时代文明举止的地位和我们这个时代文明的地位有着重要的不同。当我们读到早报里报导的波斯利亚或卢旺达的屠杀或利比里亚政府的垮台时，我们会倾向于感到我们处于所谓文明的、安宁的环境中，虽然我们这么大声声张会感到有些尴尬。国内的一场种族暴乱可能会搅扰我们的安宁，但我们很快就会得以平静。

在文艺复兴时代，这一理想在精英中流传，他们都十分明白，不仅在国外缺乏这一理想，而且在国内也没有完全实现这样的理想。那些平常百姓，虽然不像在美洲的未开化的人群那样，甚至地位高于欧洲边缘的未开化的人群（如爱尔兰人和俄罗斯人）[①]，但也还有相当长的一段路要走。甚至统治阶层的精英们也需要受制于每个新时代的条例，正如1551年威尼斯的公共教育法所提议的。[②]文明举止不是在特定的历史阶段中获得而后放松心态享有的，然而这正是我们通常理解文明的方式。

文明举止反映了从1400年左右欧洲社会所经历的转型，也就是我在上文中所阐述的贵族的教化。这种新的（或新发现的）理想反映了一种新的生活方式。举个例子，如果我们拿英国贵族阶级在玫瑰之战以前的生活方式与在都铎王朝时代下的生活方式作对比，我们会发现二

---

① John Hale, *The Civilization of Europe in the Renaissance* (New York: Macmillan, 1993)，第362页。斯宾塞提到爱尔兰人的“未开化的野蛮以及令人厌恶”；参见Anna Bryson, *From Courtesy to Civility* (Oxford: Oxford University Press, 1998)，第53页。通常的理解是，“这些低级的人天生是粗野的、未开化的、麻烦的、没礼貌的、粗暴的、野蛮的，就和蛮人一样”（引自Bryson, *From Courtesy to Civility*, *Civilization of Europe*，第64页）。

② Hale，第367—368页。

者有着惊人的不同：争斗已经不再是这个阶级正常的生活方式，除非是为了履行王室的义务而战。这一转型的过程持续了四百多年的时间，直到1800年才有一个正常的文明国家。它能够保证国内持续的和平，其中，商业在很大程度上取代了战争而成为国家的主要活动，这是政治社会所关注的。或者，至少可以说商业和战争一样的重要。

然而，这种变化并非未受到任何阻碍。年轻的贵族会突然寻衅闹事；狂欢在模拟的和真正的暴力之间是难以抉择的；土匪到处都是，流浪者可能是危险的；生活中令人无法忍受的一些因素，使得城市常有反叛、农村常有农民起义。文明举止在某种程度上应该成为反对这些现象的信条。

有秩序的政府是文明举止的一个方面，但是还有其他的方面：包括艺术和科学的发展，我们今天所称的技术（在此正如我们的文明）；理性的、道德的自我控制的发展；同时，很重要的，还包括品位、举止和优雅——简而言之，合理的教育和有礼的举止。[①]

但是，这些与有序的政府和国内的和平一样重要的发展，却被视为是纪律约束与教育培训的结果。[②] 文明举止留给人的一个基本形象是，它是对原先野蛮的、未经加工的本性，进行培育或驯化的结果。这对我们来说，是先祖们惊人的种族中心论的基础。例如，他们并没有像我们今天所认为的那样，把他们与美国印第安人之间的不同看成是两种文化的差异，而是把这种差异看成是文化与本性的不同。我们是受过训练的、具有约束力的、受到塑造的，而那些人却没有。这就像是未经加工的食品和熟食之间的相遇。

我们不应忘记在这样的对比中存在着矛盾，这一点是很重要的。许多人都趋于认为，文明举止使我们缺乏生气，把我们弄得精疲力竭。也

① Hale，第366页。当然，“有礼貌的”这个词，是另一个外来语，是从希腊文的“有教养的”这个词翻译过来的。

② 同上，第367页。参见查理五世战胜野蛮的雕塑。

许德性的高度在未受损害的本性中才真正得以发现。[1]当然，在整个持种族主义的立场者中，也有着令人崇敬的例外，例如，蒙田。[2]但是，在野生和驯养这组对照的范围内思考的那些人中，不管他们持什么观点，通常认为，从野生到驯养的过程涉及严格的纪律和约束。利普修斯把它定义为“瑟西的杖，它随意驯养着人与兽，凭此给各自带来敬畏与相应的顺从，而在此之前，他们都是野蛮和不受拘束的”。[3]“瑟西的杖”是一个非常好的文学形象，也使得约束容易理解，但是，这个词组的第二个部分表明，如此的转变是一个艰难的过程。文明举止要求自我努力，不只是保持原样，而是需要塑造。它涉及一个重塑自我的挣扎过程。

因此，文艺复兴时期对“恭谦有礼”的重要理解类似于同一时期对文明举止的理解。[4]这两者的交汇反映了对贵族阶层的驯化以及在刚开始形成的现代状态下的社会内部和平（对外战争是另外一回事）。这两种德性指明了一个人为了在新的精英阶层里产生凝聚力应具备的品质：“由于恭谦有礼和仁慈博爱，所有的人类社会将得以维持和保存”，而“恭谦有礼的主要表现是沉静、和睦、认同、团体情谊和友谊”。那些促进社会和谐、整体和平，以及文明举止的德性包括“恭谦有礼、温和、亲切、仁慈和富有人性”。[5]

如此对恭谦有礼的讨论，给我们指明向和平的精英阶层转变的第三个方面。恭谦有礼并非人类的自然状态，也不是容易获得的。它需要付出极大的努力去约束自己，去驯化未经加工的本性。孩子体现了“自

---

① Hale，第369—371页。

② 参看Montaigne，“Les Cannibales”，收录于*Essais*（Paris: Garnier-Flammarion, 1969），第一卷，第三十一章。

③ Justus Lipsius, *Six Bookes of Politickes*, trans. William Jones（London, 1594），第17页；引自Hale, *Civilization of Europe*，第360页。

④ 这是布赖森在她杰出的《从恭谦到文明有礼》中所描写的过程。我从这本书中学到了许多东西。

⑤ 引自同上，第70页。

然的”不受约束的状态，而同时又是需要被塑造的。[①]

因此，我们对文明举止这一概念的理解，不仅仅要在驯化贵族阶层的语境下，而且要和更广泛的、更具有抱负的尝试相联系。这种尝试是以新形式的约束，包括经济的、军事的、宗教的以及道德的，来塑造社会里的各个阶层。这些约束至少从17世纪以来就是欧洲社会的显著特征。这种转变的动力既来自于对更加完整的宗教改革的渴望，包括新教和天主教的改革，也来自于国家想获得更多的军事力量的抱负，作为一种必要的条件，因而是一种更具有生产力的经济。事实上，这两者经常是相互交织的；改革中的政府把宗教看成是一个自我约束的良好来源，而教会则是一个便捷的工具。与此同时，许多宗教改革者把有秩序的社会生活看成是皈依的基本表现形式。

例如，根据清教徒对美好生活的理解，圣人被看作是新的社会秩序的主要支持者。因为反对僧侣、乞丐、流浪者和游手好闲者的懒惰和无序，圣人“致力于一种诚实的、适宜的行业，无法容忍他的感觉被闲散的风气所抑制”。[②]这就意味着圣人不是把所从事的行业仅仅看作是一项活动，而是看作他所献身的毕生的事业。“一个没有诚实的行业可从事、没有既定的方向需要奔赴的人，是无法取悦上帝的。”这是清教徒的宣道者撒母耳西伦所说的。[③]

这些人是勤奋的、守纪律的，从事着有益的工作，而且最重要的是，他们是靠得住的人。他们有“既定的轨迹”，因此，他们的未来是可相互预测的。你可以把一个牢固的、可依赖的社会秩序建立在他们彼此之间所立下的契约的基础上。他们不会被诱导搞恶作剧，因为懒散是万恶的温床。“一个懒散的人，他的大脑很快会成为魔鬼的商铺……城市

① 布赖森也提出了这样的观点；参见同上，第72页。

② Henry Crosse, *Virtue's Commonwealth*; 引自Michael Walzer, *The Revolution of the Saints*（Cambridge, MA: Harvard University Press, 1965），第208页。

③ 引自Walzer, *The Revolution of the Saints*, 第211—212页。

里如果出现兵变或是对地方官的抱怨，没有比懒散更大的原因啦。”[①]

有了这些人，一个安全的、有序的社会是可以建立起来的。但是当然，不是每个人都能像他们那样。然而，清教徒的计划可以解决这一难题：那些敬虔的人是可以掌权的；那些不思悔改的是需要受约束和管制的。地方官，则应像巴克斯特所想的那样，必须强制所有的人“学习上帝的话语而后有序地、安静地行走……直到基督教信仰成为一种自觉的、个人的信仰”。[②]当然，这基本上和加尔文在日内瓦建立的秩序是相同的。

因此，当加尔文派的改革在界定何为真正的基督教的顺服道路时，似乎也同时为那个时代严重的，甚至是令人惧怕的社会危机，提出了解决的方案。灵性的康复和社会秩序的营救似乎是合拍的。

换言之，我们可以说当中世纪晚期的精英，当然还有教士，但是随着与日俱增的世俗的成分，在发展更加强烈的敬虔理想以及呼吁教会改革之时，这一精英阶层——有时还有其他人，有时是同一组人群——却在发展或修复文明举止的理想。这种理想呼吁去建立一种更加有序、暴力更少的社会存在。这两者之间存在着张力，但又是共生的。他们逐渐改变对方，但彼此之间也有相互重叠的目标。

因此，在这样的处境下，事实背后存在着一种复杂的诱因，这一事实就是文明举止的理想发展了一种活跃的、寻求变化的目标。随着时间的推移，毫无疑问，这种目标因着对军队日益高涨的需求而变得具有动力，进而是财政和权力，而后是那些勤劳的、受过教育的和具有自我约束能力的人们所从事的经济活动。但是，一部分也是由于宗教改革的目标而带来的共生和相互的影响。借此进步被看作是一种责任，就像我们所看到的新斯多葛学派的伦理。

① Don and Cleaver, *Household Government*, sig. X3; 引自同上，第216页。

② Richard Baxter, *Holy Commonwealth* （London, 1659），第274页；引自Walzer, *The Revolution of the Saints*，第224页。

从消极的角度出发，一方面是试图拦阻对社会秩序产生的真正危险，另一方面是要对诸如狂欢节或混乱的欢宴等习俗做出回应，这些习俗在过去是被认可的，但后来却严重地妨碍了人们对新理想的追求。在此，宗教改革所带来的共生也再次起到了显著的作用，因为这种被邪恶扰乱的宗教情感，已经成为严苛的宗教良心的一种特征。

我们可以在性道德的领域里看到一些显著的例子。中世纪，在欧洲的许多地方都容忍嫖娼，因为它被认为是对奸淫和强奸的一种明智的预防，尽管这一切会带来混乱的结果。[①]就连康斯坦茨会议，也为大量涌进城市的人群设立了临时妓院。但是，敬虔的新流派倾向于强调单一的性行为，把主要的关注点从暴力和社会分裂的罪恶转移，那么对卖淫嫖娼的态度也随之发生了变化。这样，支持卖淫就成为不可思议的事，但与此同时，也带来了深深的烦扰。一种反对伤风败俗的风潮兴起，表现为要以不懈和广泛的努力去拯救那些堕落的妇女。人们不能任由事态这样发展下去，必须采取行动。

这样的结果是，在现代化的早期阶段，在这两种不同理想的力量影响下，精英们在很大的范围内越来越和大众的习俗相背离。他们对被看作是无序、粗暴和无节制的暴力渐渐无法容忍。那些先前是可接受的，如今却被认为是不可接受的，甚至是令人反感的。早在16世纪以及后来持续的一段时间里，我在上文曾经描述过的复杂动因，引发了以下四种类型项目的实施：

1. 颁布了针对穷人的新法律。这是一个重要的转型，甚至和从前所倡导的截然不同。在中世纪，贫穷的周围笼罩着一层圣洁的光环。这不是说，极端的等级社会，对处于绝对社会底层的贫穷者与无权者未曾有过自然的鄙视。但是，正是由于这样的原因，穷人可以拥

① 参见John Bossy, *Christianity in the West:1400—1700*（Oxford: Oxford University Press, 1985），第40—41页。

有成圣的机会。根据《马太福音》第25章里所说的，帮助一个有需要的人，就是在帮助基督。世上的权贵者要弥补他们的骄傲和抵消他们的过犯，他们所能做的一件事就是把物品分给穷人。因此，国王这么做了，修道院这么做了，后来富有的中产阶级也这么做了。富足的人们，在他们的遗嘱中规定要施舍前来参加他们丧礼的乞丐，这些人应该相应地为已逝者的亡魂祈祷。与福音书所记载的故事正好相反，天堂里听到的拉撒路的祈祷使得这些富豪们尽快回到亚伯拉罕的怀抱。①

但是到了15世纪，一方面由于人口增长和农作物欠收，导致了穷人涌进城市，因此，对穷人的看法有了根本的转变。一系列针对穷人的新法律被采纳，其原则是要鲜明地分辨出在穷人中，哪些是有劳动能力的，哪些是真正没有赖以生存的资源，只能依靠救济来生存的。前者要被赶出城市或者派去做收入十分低微的工作，而且通常是在苛刻的条件下工作。那些无劳动能力的穷人则获得救济，但是，也是在高度控制的条件下，最终常常是把他们限制在一些机构里，在某种程度上就像监狱。对于这些乞丐的孩子们，也做出努力，改造他们，教给他们一门技术，使他们可以成为有用的勤奋的社会成员。②

所有的这些运作——提供工作机会、救济、培训和再教育——都需要制约的机制，这既是经济措施，也是控制的手段。这就开始了米歇尔·福柯所说的**大禁闭**时代，这种制约也包括其他阶层的无助者，其中最出名的是那些疯癫者。③

---

① 参见Bronislaw Geremek, *La Potence ou la Pitié* （Paris: Gallimard, 1987），第35页。

② 同上，第180页。

③ Michel Foucault, *Histoire de la Folie à l'âge classique* （Paris: Gallimard, 1958）.

2. 全国性的政府、城市政府、教会权力机构，或者一些交叉的机构，经常对某些大众文化现象——瞎闹音乐、狂欢、混乱的欢宴以及在教堂里跳舞——进行严格管理。在此，我们也看到了逆转。先前被认为是正常的、人人预期参与的活动，但在现在，却被看作是完全应该受到责备的，而且，从某一方面来看，这些活动纯粹是扰民的。

有两个原因，让伊拉斯谟认为，他在1509年于锡耶纳看到的狂欢节是"非基督教的"。第一，它含有"古代异教徒的痕迹"；第二，"人们过于沉溺于放荡之中"。[①]伊丽莎白时代的清教徒腓利·斯脱勃攻击了"邪恶舞蹈的极度恶行"，认为它导致了"污秽的抚摸和不洁的触摸"，从而把人"引入奸淫之道、放荡之路，诱发不洁，赞美各种淫荡行为"。[②]

正如伯克所指出的，教会人士数百年来一直在批评大众文化中的这些方面。[③]与从前所不同的是，(a)由于对神圣的空间具有新的焦虑，宗教的批评来得十分强烈；(b)文明举止的理想及其有序、优雅和文雅的规范已经使得社会的领军阶层要从这些大众习俗中分离出来。

3. 在17世纪期间，这两种行为被归入第三种：在法国和中欧，具有专制主义或统制主义倾向的发展中的国家结构试图通过法令为他们的臣民创建在经济、教育、精神和物质上的福祉，这虽然是从统治者的利益出发，但也是为了改善臣民们的生活。从15世纪到18世纪，有序的警察国家的理想在德国是至关重要的。[④]在宗教改革的

① 引自Peter Burke, *Popular Culture in Early Modern Europe*（Aldershot, England: Scholar, 1994），第209页。

② 同上，第212页。

③ 同上，第217页。

④ 当然，这不是现代意义上的"警察国家"。Polizei这个词（另一个从"城邦"这个词派生出来的）"在广义上具有行政管理的含义，即采用必须的组织建制的手段和程

唤醒下，专制主义的活动得以推动。在这种情形下每个领地的统治者都要看到教会的重组（在新教教会的领地里），并且对此表示服从（在所有的领地里）。但是，这种控制的努力在下一个世纪得到延伸，并且包括了经济的、社会的、教育的和道德的目标。这些包括了我们曾经探讨过的相同的领域：对于救济的规定以及对一些传统节日和习俗的抑制。①而在16世纪，他们扩大了范围并且试图开设学校、提高生产力，向他们的臣民反复灌输更有理性、努力的、勤奋的和注重生产的观点。社会需要纪律和约束，但其目的在于培养自我约束。②

简而言之，这意味着把文明举止的理想强制推行到越来越广大的人群中。毫无疑问，这里一个主要动机是，要去塑造一群人，在他们当中能产生顺从的、有效率的士兵，并且创造资源去供养和武装他们。但是，很多法令把进步和改善（就像他们所认为的）当作其目的。当我们跨入18世纪的时候，立法的目的越来越和启蒙运动的理念相结合，越来越强调人类活动中生产和物质的层面，这都是为了增进个人和整个社会的利益。③

4. 如果我们看着约束的模式、“方法”和程度在激增，我们会从另一个角度来看整个发展的过程。其中，有些源自于个体的层面，作为自我控制的方法和个人智力或精神发展的方法；其他的是在等级制度控制的语境下被灌输和强制推行的。福柯提到了培训项目是如何在16世纪增加的。这些项目是建立在对体力运动详尽分析的基础上，把该运动分成几个部分，然后用标准的模式去训练人们。

序来确保国民能够平安地、有序地生存”。Marc Raeff, *The Well-ordered Police State* （New Haven: Yale University Press, 1983），第5页。

① Burke，第61、86—87、89页。

② 同上，第87页。

③ 同上，第178页。

> 这些项目的主要所在地，自然是军队。军队开创了新的军事训练模式，但后来，其中的一些规则也被运用到了学校和医院，再后来，被运用到工厂里。[①]
>
> 在致力于自身转变的有条理的项目中，其中最为有名的是罗耀拉的灵性训练法，通过默想达到灵性的转变。但是，这两个主要的观点，在一定方法指导下的默想，也在一个世纪后笛卡尔（他毕竟在拉夫赖士的耶稣会学校受过教育）提议的培训项目中出现。

如果我们把最后的两个方面综合在一起，我们一方面可以看到，一种新的精英社交模式的发展与文明举止的概念是相联系的，其范式是，在准平等的条件下进行对话。另一方面，我们看到，文明举止从统治阶层拓展到社会中更广阔的领域。这和道德秩序的现代观念有着相似之处。以对话为主的社交性，表明的是一种相互交流的社会模式，而非一种等级秩序的社会模式，然而通过纪律和约束来改变非精英阶层的项目，可以意味着文明举止的特征不会永远只是某个阶层的特性，注定要被更为广泛地推广。与此同时，塑造人的真正目的，暗示着它脱离了对秩序的陈旧理解，以半柏拉图式的理想形式呈现，强调现实并注重其实现——或至少反对任何与之相违反的，正如这些因素表达了他们对麦克白罪恶的惊恐。它和秩序的概念是相吻合的，而秩序是一种以建设性的技巧来实现的准则，这正是现代秩序带给我们的。人类行动者通过契约组成了社会，但是上帝已经给了我们需要追随的模式。

这都是一些具有可能性的相似之处，但与此同时，还有其他的相似之处。例如，以对话为主的社会，可以给共和自治的理想带来新的相关性，就像在文艺复兴时期的意大利，后来在北欧，特别是在内战期间及战后的英国那样。[②] 或者，它可以在其他的社会转型的中介内部体现出

① Michel Foucault, *Surveiller et Punir*（Paris: Gallimard, 1975），第三部分，第一章。

② 参见J. G. A. Pocock, *The Machiavellian Moment*（Princeton: Princeton

来，“专制的”君主国。

把精英阶层的社会意识果断地推进现代社会想象范围的，似乎是18世纪出现的新社交模式的发展，尤其是在英国，他们开始这样的发展要早一些。这一时期见证了精英阶层的扩展，那些参与统治或管理社会的人们，包括那些在本质上具有经济功用的人们。这要么是因为那些已经是社会主导阶层的成员转变成为具有这些功用的人，例如，成为进步的地主；要么是因为大致有一个向商人、银行家和有产者开放的地方。

这些准平等的条件需要去弥合更大的差距。在尚未形成对平等全方位的现代概念的时候，对社会成员资格的理解已经拓宽，并且从特定的贵族或上层阶级的特征中分离出来，即使依然保留着贵族的语言。对文明举止的拓展理解，现在又被称作“礼貌”，依然指向产生和谐以及缓和的社会关系的目标，但是现在，它必须把不同阶层的人团结起来，并在一些新的场所对他们施加影响。这些地方包括咖啡屋、剧院和公园。[①]而在早期的对文明举止的理解中，进入一个讲礼貌的社会，包括拓宽视野以及进入一个仅仅比私人的更高级的存在模式。只是，现在的重点放在了仁慈的德性上，以及一种生活模式，不比早期的斗士或廷臣准则培养下的生活模式具有过度的竞争力。18世纪讲礼貌的社会甚至诞生了一种“敏感性”的伦理。

与等级相对疏远以及对仁慈的强调，使这一时代与上文所描述的现代秩序模式更接近。与此同时，把经济功用纳入社会，强化了文明举止与秩序的这种概念此二者之间的密切关系。

18世纪的这种转型，在某种意义上是西方现代性发展的一个重要转型。讲礼貌的社会具有一种新的自我意识，在某种新的意义上，人们

University Press, 1975）。

① 参见Philip Carter, *Men and the Emergence of Polite Society*（London: Longman, 2001），第25、36—39页。

可以把它称之为“历史的”。它不仅史无前例地意识到其经济基础的重要性；同时，对它在历史中的地位有了一个新的认识，把它看成是属于商业社会的一种生活方式，是刚刚迈进的一个历史阶段。18世纪产生了一系列有关历史的新的冰阶理论，通过不同的阶段见证人类社会发展，用经济的形式来定义社会（例如，渔猎采集的社会和农业的社会），在现代的商业社会达到最高点。[①]这就让人们从一个新的视角，看到了我所说的对贵族阶层的教化的整个转型过程，以及现代社会里内部的平定。商业被赋予了一种力量，可以把尚武的价值观和军事的生活模式降到次要的地位，结束了自古以来军事在人类文化中的主导地位。[②]政治社会不再简单地被理解为是一成不变的，人们必须考虑到事件发生的时代。现代性是史无前例的新纪元。[③]

① 参见，例如Adam Ferguson, *An Essay on the History of Civil Society*（London: Transaction Books, 1980）。

② 参见Albert Hirschmann, *The Passions and the Interests*（Princeton: Princeton University Press, 1977）。

③ 参见J. G. A. Pocock, *Barbarism and Religion*（Cambridge, England: Cambridge University Press, 1999）; Karen O'Brien, *Narratives of Enlightenment*（Cambridge, England: Cambridge University Press, 1997）；以及Pierre Manent, *La Cité de l'Homme*（Paris: Fayard, 1994）的第一部分。

第四章

伟大的抽离

我在上文已经提到了一种复杂的语境，它可能有助于解释现代的秩序理念与日俱增的影响力，以及它和对文明举止不断发展的理解之间的密切关系，这些最终促成了讲礼貌的社会的形成。但我们还可以从一个更深层的、更长远的语境来看它，这种语境就是个人的"抽离"。

西方现代性的主要特征之一，也几乎是对此的任何观点，是一个脱魅的进程，是具有魔法力量和神灵的世界的消失。这是拉丁基督教改革运动的产物之一，造成了新教改革，但是也改变了天主教会。这一改革运动是力图约束和重建社会秩序的一种源泉，就像在第三章里所提到的，它不仅仅致力于对个人行为的革新，而且也致力于对整个社会的改革和重塑，使社会变得更加和平、有序和勤奋。

这一刚刚重塑的社会，要明确地把《福音书》的诫命，以一种稳定的，正如它逐渐被理解的，一种理性的秩序体现出来。这一新社会没有给从前注重魔法的世界留下任何摇摆不定的可具互补性的空间。这种互补性发生在：属世生活与修道院的克己生活之间，适当的秩序与狂欢节定期中断之间，公认的神灵的能力和影响力与被神圣力量所弱化的力量之间。新秩序是连贯性的、不妥协的，具有整体性的。祛魅带来了一种目的与规则的统一。

循序渐进地推广这一秩序，意味着结束了不稳定的后轴心时代的平衡。一方面是个人的宗教敬虔、顺服或理性理解的德性，另一方面是集体的、经常与宇宙相联系的整个社会的礼仪，这两者之间的妥协已经不复存在。前者是得到支持的。脱魅、改革和个人宗教联系在一起。正如教会里的每个信徒，用自己的责任依附教会的时候，教会便处于最佳状态，在某些地方，像公理教会的康涅狄格州，这成为对信徒的明确要求。同样，社会本身逐渐被重新构想成由个人所组成的。正如我所提出的、暗含在轴心革命中的“伟大的抽离”，有了逻辑性的结论。

这和我们对社会存在的一种新的自我认识的确立和增长有关系，这样的社会存在赋予个人空前的首要地位。在谈到我们的自我认识时，我特别关心的，是我先前所说的社会想象，也就是我们集体地对现代西方世界的社会生活进行想象的方式，甚至是在前理论的状态下进行想象的方式。

但是，首先我要把在过去几个世纪的想象中的革命，放在更广泛的文化—宗教发展的范围内，因为这是已经逐渐地被普遍理解的。这种千年一次的全范围变化将变得更加清楚，如果我们首先关注早期的、规模较小的社会团体的宗教生活的特征，只要是那些我们能够找到的特征。一定有一个阶段，所有人类是居住在如此小规模的社会团体里，即使在这一时代的大部分生活只能靠猜想。

重点关注我所说的早期宗教（部分涵盖了正如罗伯特·贝拉所说的，“陈旧的”宗教），从三个重要的方面来阐述这些生活模式是如何根深蒂固地深植于人类的。①

首先，从社会的层面来看，在旧石器甚至某些新石器时代的部落团体里，宗教生活与社会生活是紧密联系在一起的。当然，在某种程度上，事实是这并非是早期的宗教独具的特点。这存在于一个明显的事

① 参见Robert Bellah, “Religious Evolution”, 收录于*Beyond Belief*（New York: Harper and Row, 1970），第二章。

实里，即这些社会团体里的人们可利用的基本语言、神圣的范畴、宗教经验的形式以及礼仪行为的模式，可以在他们集体建立的宗教生活中找到。似乎每个这样的小规模社会团体，都以其自己的、最初的方式塑造并表述了一些人类共同的能力。社会团体之间词汇得以相互借鉴和传播，但是，词汇的不同以及诸多可能性，依然是异常多样的。

人类在宗教方面的这种普遍能力是什么，我们可以不去解答这一问题，不管从本体上来看，它是否应该单单被归入人类的心智范畴，还是人类的心智要被看成是对人类超验的精神现实的不同回应。这样的问题，是否是人类生活中不可逃避的层面，或者是否人类最终可以将之抛诸脑后，我们也可以暂时不去下结论（虽然，本文的作者显然对于这两个问题是非常关注的）。但是，引人注目的是，首先，与神灵或力量或能力的一种联系，是普遍存在的现象。它们在某种意义上被认为是更高级的，并非日常生活中的力量和动物。其次，这些力量和能力，是以何种不同的方式被认知并且相互联系的。这不仅仅是在理论或信仰上的不同；它体现在能力和经验上惊人的不同，体现在诸多有生命力的宗教方式中。

这样，在一些族群中，人们会陷入一种被认为是神灵附体的恍惚的状态中；在另外的族群（有时候也是同样的族群）中，经常有些人会做强大的、带有预示性的梦；在另外的族群中，萨满教的巫师觉得他们被提升到一个更高层次的世界里，而在其他的一些族群中，一些令人惊讶的疗法能在一定的条件下产生效应，等等。所有的这一切，都超出了在现代文明中绝大多数人的能力范围，而上述的每一个族群里所出现的现象，也超出了其他早期群体的能力范围，这种能力并没有出现在他们的生活中。因此，对于一些族群来说，可能出现预示性的梦，但不可能出现神灵附体。而对另一些族群来说，可能出现神灵附体，但却没有某些疗法等等。

我们可利用的宗教语言、宗教能力和宗教经验的模式，来自于赋予我们每个人生命的社会，这一事实在一定程度上对所有的人类都是真实的。即使是伟大的、具有创新精神的宗教领袖，也必须采用在社会中已经存在的词汇。最终，这就逐渐形成了关于人类语言的显著要点：我们都是从我们所成长的群体里获得语言的，只有尽心学习才能超越我们所拥有的。但是，很清楚的一点是，我们已经进入了一个灵性词汇广泛传播的世界。在这个世界里，每个人可掌握的词汇并非只有一种，每一种词汇都受到其他类型的词汇影响。简而言之，即使人们居住得甚远，其宗教生活之间显著的差异也会逐渐削弱。

第二个方面是与“伟大的抽离”更加直接相关的，即早期宗教是社会性的。重要的宗教行为，包括对神灵的恳求、祈祷、献祭或使神灵息怒；与这些神灵的力量接近、从神灵那里得到医治和保护、在他们的引导下占卜，其主要行动者是一个具有社会性的整体群体，或者是一些被认为是为社会群体而行动的更专业的行动者。在早期的宗教里，我们主要是以社会群体的形式和上帝相联系。

例如，在丁卡人的祭祀中我们可以看到这两个方面，正如半个世纪之前戈弗雷·林哈德所描述的那样。一方面，祭祀的主要行动者，也是“渔枪法师”，在某种意义上是“负责人”，为整个社会代理祭祀。另一方面，整个群体共同参与，他们重复着大师们的祈祷，直到每个人的注意力都能够集中，而且集中在单一的礼仪行为上。其高潮是“所有参加这一礼仪的人，显然都能成为这个单一的、难以辨认的群体的成员”。这种参与，经常是以被所祈求的神灵附体的形式体现出来的。①

这也不是仅仅在一个特定的群体中偶尔发生的事。这种集体行为，对于礼仪的效验是很重要的。在丁卡人的世界里，你不可能依靠自己对神灵发出强大的祈祷。这种“由一个个真正的和传统意义上的成员所组成的群体，其集体行为的重要性，成为当丁卡人因遭遇不幸而远

① Godfrey Lienhardt, *Divinity and Experience*（Oxford: Oxford University Press, 1961），第233—235页。

离家乡和亲人时，感到惧怕的原因”。[①]

在这种集体的礼仪行为中，主要的行动者代表一个群体而行动，群体是以其特有的方式来参与的。这一行为在早期的宗教里似乎随处可见，并且以某种形式延续到今天。当然，只要人们居住在一个“具有魔力的”世界里——一个神灵和力量的世界里，在我们现代人，像韦伯所称的祛魅之前，这种行为一直会占据着重要的地位。例如，中世纪农业村庄里“巡勘教区边界”的典礼仪式，是由整个教区共同参与的，也只有在教区成员的集体参与下，该仪式才是有效的。

这种深植于社会礼仪中的现象，通常还带着另外一个特征。由于最重要的宗教行为是一种集体行为，同时还由于它经常需要一些具有特定职能的人——祭司、萨满、巫医、占卜师和部落首领——在这一行为中担任主要角色，因此，社会秩序变得极其神圣，这些角色就是在这一社会秩序中被定义的。当然，这就是被激进的启蒙运动认同并嘲笑的宗教生活里的一个层面。其中明显的罪恶是，通过对不可及的、神圣的事物结构的认同，确立了不平等的、占统治地位的、剥削的形式。因此，人们就盼望看到，有一天“最后一个祭司的肠子勒死最后一个国王”。但是，这种认同实际上是十分古老的，可以追溯到许多后来更加恶劣与邪恶的不平等形式尚未发展的时候，在有国王和祭司的等级之前。

在不平等和正义的问题背后，还存在着更深刻的问题，它涉及早期人类社会里像我们今天所说的人类的“身份”问题。由于早期人类最主要的行为是群体性的行为（包括部落、宗族、次部落和亲族共同参与的行为），并且以一种特定的方式表述出来（这些行为是在部落首领、萨满、渔枪大师的带领之下），因此，他们不会认为自己有可能与这个社会环境脱节。他们甚至有可能从来没有试图要去脱离社会。

要想知道这到底是什么意思，我们可以想象甚至对我们而言一些

① Godfrey Lienhardt, *Divinity and Experience* (Oxford: Oxford University Press, 1961)，第292页。

平时不容易设想到的语境。如果我出生在与现在不同的家庭，我会是怎样？作为一个抽象的练习，这个问题是可以回答的（答案：我会像不同的父母亲所生的孩子一样）。但是，如果要探究我的身份认同感，我试图用类比的方式继续追问：如果我从事的不是现在的这份工作，如果我不是和这个女人结婚等等，我会是怎样？我的脑子开始发晕了。为了能弄清楚这一问题，我已经太深入地进入身份形成的层面。对于大多数人来说，他们也会针对自己的性别来思考类似的问题。

我在这里想说的是，在早期的社会里，无法在自己的特定语境之外想象自己，这种情况延伸到基本秩序下的社会全体成员中。这对于我们来说，已经不再是这样的情况了。许多像这样的“如果我当初怎么怎么样，我现在又会是什么样子”的问题，不仅是可以想象的，而且也是现实中棘手的问题（我到底要不要移民？我到底要不要改信其他宗教，或不信宗教？）。这一事实，是我们抽离的途径。如此类比的另一个成果是，我们有能力去思考抽象的问题，即使我们不能使其变成想象中真实的。

我所说的社会根植性，其实在一定程度上是和身份有关的。从个体的自我意识的角度来看，它意味着不能在特定的语境之外去想象自我。但是，这一现象也可以被理解成一个社会现实；这里指的是，我们共同想象我们社会存在的方式。例如，我们最重要的行为也是整个社会的行为，而这些行为需要按照一定的方式形成并使之得以贯彻。在这种社会想象占主导地位的世界中成长起来，限制了我们的自我意识。

我们是以这样的方式深植于社会，但随之而来的是，我们也深植于宇宙。因为在早期的宗教实践中，我们所面对的神灵和力量，是以多种多样的形式错综复杂地出现在世界里。如果我们回顾中世纪祖先们所生活的具有魔力的世界，就可以看到许多例子：对所有的人来说，他们所敬拜的上帝超越了这个世界，但是他们也必须去面对宇宙之内的神灵以及深植于事物中的因果力，如圣徒的遗物、神圣之地等等。在早期的宗教中，即使是上层的神灵也经常与世界的某些特征相联系，这也就出现了逐渐被称为是“图腾崇拜”的现象。我们甚至可以说，这种世界里的某个特征，例如，一种动物或植物，对群体的身份是至关重要的。[①] 甚至一个特定的地势，都可能成为我们宗教生活的一个重要因素。有一些地方就是圣地。或者土地的轮廓，都可以向我们阐述在神圣的时代里事物的原本特性。通过这样的地形，我们与祖先们和更高时间相联系。[②]

除了这种与社会和宇宙的联系之外，在早期的宗教里我们还可以看到第三种深植于现实存在的形式。这和我们常想的“更高级的”宗教之间形成惊人的对比。人们在向神灵祈祷或寻求安慰时，所祈盼的是财富、健康、长寿和多子多孙；所祈求避免的是疾病、饥荒、不育或夭折。这里有我们可以即刻理解的对人类繁荣的认识，这种认识不管我们想增加多少，在我们看来都是很自然的一件事。早期宗教所欠缺的，对后期“更高级的”宗教至关重要的是一种理念，即我们不得不从根本上质疑这个普通的认识，要以某种方式超越这个认识。

这并不是说，一切都是以追求人类繁荣为最终目的。神灵也可能有其他的目的，有的会对我们产生有害的影响。在早期的宗教里，有这样一种理解，神灵对人们并非都是友善的，有时候对人们是冷漠的，有时候对人们也会是仇视的、嫉妒的和愤怒的，这些都是人们需要去躲避的。虽然仁慈在理论上是占上风，但是，这一过程需要借助赎罪，或者

① 参见，例如，同上，第三章；Roger Caillois, *L'Homme et le Sacré*（Paris: Gallimard, 1963），第三章。

② 这是已经被广为谈论的澳大利亚土著宗教的一个特征；参见Lucien Lévy-Bruhl, *L'Expérience mystique et les Symboles chez les Primitifs*（Paris: Alcan, 1937），第180页；Caillois, *L'Homme*, 第143—145页；W. E. H. Stanner, “On Aboriginal Religion”, 收录于*Oceania*, 第30—33页（1959—1963）的六篇系列文章。不列颠哥伦比亚的欧肯纳根人也同样提到与土地的关联问题。参见Jerry Mander和Edward Goldsmith合著的*The Case against the Global Economy*（San Francisco: Sierra Club Books, 1996），第三十九章。

甚至是借助魔法师的行为。但是，在整个过程中，始终可信的是，神灵的善良动机是由普通人类的繁荣来界定的。再者，还有一些人可以获得并超过常人的能力，像那些先知或萨满。但最终，这些能力用以促进人类的福祉，就像人们通常所理解的。

相形之下，例如，基督教或者佛教就存在着一种善的理念。人类的善不仅仅是人类的繁荣，即使在人类的繁荣方面完全失败，甚至经历过失败（在年纪轻轻的时候就死在十字架上）的，我们依然可能获得人类的善，或者人类的善需要彻底离开繁荣的地方（放弃转世轮回）。和早期的宗教相比，基督教的吊诡是既强调上帝对人类无条件的仁慈（早期的宗教在这一方面也是很明确的），又重新界定了我们的终极目的，使得我们可以超越人类繁荣。

在这一方面，早期宗教与现代纯粹的人文主义有着某种类似；这体现在许多后启蒙时代的现代人对异教信仰的同情。约翰·密尔认为，“异教的自我主张”至少和“基督教的自我否定”是有同样的效应，如果不是更加有效的话。①（这与对多神教的同情有关，但有所不同。）当然，使得现代人文主义史无前例的，是一种理念——人类繁荣与任何更高层次的事物无关。

早期的宗教与许多人称之为“后轴心时代”的宗教形成了对比。②这里要参考卡尔·亚斯贝斯所提到的“轴心时代”③，即在公元前一千年的非凡时代，多种“更高”层次的宗教形式在不同的文明中独立出现，其奠基者诸如孔子、释迦牟尼、苏格拉底以及希伯来民族的先知们。

---

① John Stuart Mill, “On Liberty”, 收录于*Three Essays*（Oxford: Oxford University Press, 1975），第77页。

② 参见，例如，S. N. Eisenstadt, ed., *The Origins and Diversity of Axial Age Civilizations*（Albany: State University of New York Press, 1986）; Bellah, “Religious Evolution”。

③ Karl Jaspers, *Vom Ursprung und Ziel der Geschichte*（Zürich: Artemis, 1949）.

和先前的，也就是那些无法事先预料结果的宗教相比，轴心时代的宗教之惊人特征是，它们在三个层面——社会秩序、宇宙和人类的善——的深植中，产生了一个突变。不是在任何情况下的突变，也不是一下子就形成的突变。也许在某种意义上，佛教是最有影响力的，因为它从根本上削弱了第二个层面，即认为世界的秩序本身是受到质疑的，因为轮回就意味着痛苦。在基督教里也有类似的理解，认为我们的世界是混乱无序的，因此必须重塑。但是，一些后轴心时代的世界观，却一直认为宗教和一个有序的宇宙是有联系的，就像我们所看到的孔子和柏拉图以各自不同的形式体现出这些世界观。然而，他们把这种联系与实际的、极度不完美的社会秩序区分开来，这样，通过集体的宗教生活而建立的和宇宙的密切联系，就显得有问题了。

在这当中最基本的，也许是在轴心时代的宗教里对人类的善所采取的不断修正的立场。这些宗教，多多少少会从根本上质疑那些广为接受的、似乎不可置疑的对人类繁荣的认识，因此，社会的结构以及宇宙的特征也不可避免地被质疑，人类繁荣就是通过这些结构和特征获得的。

我们也可以这样作对比：与后轴心时代的宗教所不同的是，早期的宗教认可我在三个层面上一直在谈论的事物的秩序。在一系列引人注目的关于澳大利亚土著宗教的文章里，史坦纳提到了在这种宗教的精神性中占主要地位的“赞同的心境”。土著人并没有出现像后轴心时代的宗教主动性所产生的“与生活争辩”的现象。[①] 这种对比在一定程度上容易被忽略，因为土著人的神话，在叙述“梦幻时代”（创世的初期，同时也是“经常性的”）中事物的秩序逐渐形成的方式时，包含着一系列大灾难的故事。而这些灾难是由欺骗、欺诈和暴力而引起的，从中人

① Stanner, “On Aboriginal Religion”, *Oceania* 30, no. 4 (June 1960)：第276页。参见同一作者的“The Dreaming”，收录于W. Lessa和E. Z. Vogt合著的*Reader in Comparative Religion*（Evanston, IL: Row, Peterson, 1958），第158—167页。

类的生活得以弥补和重塑，却是以受损和分裂的形式。这样，生命和痛苦之间仍然存在着内在的、本质的联系，而因为有分歧，才会有统一。这可能会让人想到其他的关于“人类堕落”的故事，包括在《创世记》第一章中叙述的故事。但是，与基督教所讲述的“人类堕落”的故事相比，对于土著人来说，“追随”梦幻，通过礼仪和洞察力来修复他们与原古时代秩序的关系，这些必须履行的责任与受损的和分裂的天命是相联系的。在这样的天命中，善与恶是相互交织的。去弥合原初的裂口，或去做一种补偿，或补偿原先的损失，都是不可能的。与此相伴随的礼仪和智慧甚至可以带领他们去接受那无情的，“高兴地赞美那无法改变的”。① 那最初的“大灾难”并不能使我们与神圣的或更高层次的力量分离或是疏远，正如在《创世记》里所记载的。相反，它有助于塑造我们一直在努力“追随”的神圣秩序。②

轴心时代的宗教并没有废除早期的宗教生活。在许多方面，早期宗教实践的特征，继续以改良的形式去定义数百年来大众的宗教生活。当然，这种改良不仅仅源自于轴心时代的宗教构想，也源自于大规模的、更加具有差异的、经常是以城市为中心的社会群体的成长。这样的社会群体，更具有等级组织以及早期的国家机制。事实上，有人认为这些也在抽离的过程中起到一定作用，因为要保证国家权力的存在，就需要尝试去控制和塑造宗教生活，及其所需要的社会组织结构，因此，围绕着现世生活和社会组织结构中的不可把握的那一方面，就被削弱了。③我认为关于这一话题，有许多可说的，随后我会继续再探讨，但现在，我要集

① Stanner, “On Aboriginal Religion”, 收录于*Oceania* 30, no. 4 (June 1963)：第269页。

② 贝拉的“宗教进化”一文中对宗教发展的丰富多彩的描述，对我帮助很大。我在此所做的对比，要比贝拉所列举的一系列阶段要简单得多；我把原始的和古代的阶段都放进早期宗教的范畴里。我的观点是，要突显轴心时代形成抽离的力量。

③ 参见Marcel Gauchet, *Le désenchantement du monde* (Paris: Gallimard, 1985)，第二章。

中讨论轴心时期的重要意义。

这并没有一下子就完全改变所有社会群体的宗教生活。但是，它的确为被抽离出来的宗教提供了新的可能性：寻求与神圣的或更高级的力量的一种联系，这种联系严格地修正人们对繁荣的观念，或者，甚至超越这些观念，即个体可以靠他们自己的力量进行联系，并且/或者通过新的社交模式进行联系，这种模式与既存的神圣秩序无关。因此，僧人、比丘、托钵僧、一些对下凡的神灵或神明的笃信者开始自行活动，由此出现了史无前例的社交模式，有初入门者的群体，有笃信者的流派，僧伽，修道院的体系等等。

在所有的这些例子中，关于整个大社会的宗教生活存在着某种裂缝、差异甚至破裂。这在某种程度上也可以做一些区分。随着不同社会阶层、世袭等级制度或阶级的出现，在这些群体之中可能出现新的宗教观。但是，一种新的信仰常常会影响所有这些群体，尤其是在这些群体中对人类的善有了“更高”层次的概念之后，在第三个层面产生了破裂。

在这里就不可避免地会产生一种张力，但是，经常也存在着一种去保全整体合一的努力，努力在不同宗教形式中去恢复某种互补性。这样，那些完全笃信更高层次宗教形式的人，虽然可以被看成是对那些依然在早期宗教形式中为人类繁荣祈求力量的人们的一种责备，但是，也可以被看成处于一种相互帮助的关系中。平信徒因着供养僧侣而获得功德。这些功德可以被理解为引领人们在更高层次的道路上向前迈进了一步，同时也可以保护他们免于生活中的危险，并且有助于他们增进健康、财富，以及添丁。

互补性的力量如此强大，以至于在像佛教、基督教和伊斯兰教这些更高级的宗教在整个社会占上风，而几乎没有其他宗教可以与之抗衡的情况下，少数敬虔的“宗教达人”（引用马克斯·韦伯的话）和在很大程度上趋于寻求人类繁荣的大众社会的神圣宗教之间的区别，存在着或以张力和等级互补性相结合的形式进行重组。

从我们现代的角度、以事后诸葛亮的眼光来看，轴心时代的宗教灵性似乎要防止产生完全抽离的效果，之所以这么说，是因为它们被大众宗教生活的力量所包围，这些力量依然坚实地存在于旧模式中。它们的确带来了某种形式的宗教个人主义，但，这是路易斯·杜蒙所说的“来世的个人”的特权。[①]也就是说，那是少数精英分子的生活方式，在某些方面对于“世界”是边缘的，并且与“世界”存在着一定的张力。“世界”意味着，不仅仅与神圣的或更高层次的相联系的有序的宇宙，而且与宇宙以及神圣相联系的有序的社会。现世依然是人们植根的发源地，依然为社会生活提供着无法躲避的框架，包括试图反对现世的个人的框架，只要他们能够在某种程度上置身于这一框架。

下一步要做的事情，是使得这一发源地能够自我更新，能够根据轴心时代宗教的灵性原则进行重塑，这样，这个世界就可以逐渐被视为是由个人所组成的世界。用杜蒙的话来说，这是“在世界中的个人”的特权。行动者，在他日常的世俗生活中，把他自己看成是原始的个人，也就是，西方现代性的行动者。

这就是我在前几章里所描述的那个转变的计划：试图根据基督教秩序的要求对整个社会进行彻底重塑，同时清除与一个具有魔力的宇宙的联系，以及除去一切陈旧的互补性的痕迹：神灵与现世之间的互补性、献给上帝的生命与属世的生命之间的互补性、秩序与混乱之间的互补性。

这一转变计划是一种彻底的抽离，正是因为它运作的形式或模式，即通过客观化和工具主义的立场对行为和社会形式进行有纪律的重塑。然而，其结果也在本质上与抽离是相联系的。这清楚地体现在祛魅的过程中，它摧毁了深植性的第二个层面。我们也可以在基督教的语境

① Louis Dumont, “De l’individu-hors-du-monde à l’individu-dans-le-monde”, *Essais sur l’individualisme* (Paris: Seuil, 1983).

中来看这一问题。从某种意义上来讲，基督教像任何一个轴心时代的宗教灵性那样运作，的确与另一种、也就是斯多葛主义的灵性相结合。但其中主要地是基督教的模式。在《圣经·新约》中，有许多要求人们离开，或者把家庭、宗族和社会的团结放在一个相对次要地位的呼召，使自己成为天国一分子的呼召。我们可以看出，这在一些新教的教会管理模式中反映得尤其突出。一个人不是因为其出身，就能成为教会成员，而是应当回应个人的呼召才得以加入教会。这反过来会有助于强化社会的概念，是建立在契约基础上的，因而是由自由个人的决定而构成的。

这是一种相对明显的分离。但是，我的论点是，基督教或基督教—斯多葛派试图在造就现代的"在世界中的个人"时重塑社会，其影响效用是更加普遍和多渠道的。它把首先是道德的、而后是社会的想象推向现代个人主义的方向。这是我们所看到的在17世纪自然法理论的道德秩序里所出现的新概念。这样的概念主要是源自于斯多葛主义，其创始人可能是荷兰的新斯多葛派，像利普修斯和格劳秀斯。然而，这是一个基督教化的斯多葛主义，而且是现代的斯多葛主义，一定意义上在人类社会有意识的重塑中起到重要作用。

我们可以说缓冲的身份和改革的计划一起促成了抽离。正如我在上文提到的，深植性既是身份的问题，即对自我想象的语境的限制，又是社会想象的问题，即我们可以对整个社会进行思考或想象的方式。但是，这种新的缓冲身份，坚持对个人的敬虔与约束力，加大了与旧时的集体礼仪和归属的形式之间的距离，不认同感，甚至敌意，而改革的动力又是希望去废除旧事物。这些具有约束力的精英人士，在他们的自我认识和社会计划方面，都逐渐形成一种概念，即认为社会世界是由个人组成的。

这种宽泛的历史诠释存在着一个问题，这一问题在讨论韦伯的关于新教伦理的发展及其与资本主义之关系的论题中，已经被意识到了。

事实上，这和我在这里所说的很接近；是对我所宣称的更广泛的联系的一种详述。韦伯显然是我的观点的来源者之一。

对韦伯论题的一个反对意见是，依据诸如教会的效忠和资本主义发展之间可寻找的明显的关系它无法得到证实。但是，正是在这种精神世界观与经济、政治活动之间的关系本质中，其影响力才是更加分散的、间接的。如果根据马克思主义最通俗的表现形式，我们真正相信一切变化，都可以用非精神的因素来解释，例如，经济的动因，从而认为精神因素的变化总是因变量，那么，这就不会成为什么问题。但事实上，就像我在第三章里所论述的，这里面的关系密切得多，而且更互惠。特定的个人道德认识总是深植于特定的实践里，这就意味着它们既被广为流传的实践所促进，同时，也塑造实践，并有助于确立实践。认为实践总是在先，或是持相反的观点，认为理念驱动着历史，都是同样荒谬的。

但是，这并不妨碍我们对某些社会形式和灵性传统的关系做出明智的判断。如果资本主义企业家精神的盎格鲁-撒克逊模式，与家庭的关系不如中国模式来得密切，[①] 这是不可否认的，那么，这难道与新教对个体成员的理解和儒家对家庭的重视之间的区别就真的没有任何关系吗？这似乎是难以置信的，即使无法寻找其中微小的联系。

同样地，我的论题是要把个体在现代西方文化中的毫不置疑的首要性，它也是现代道德秩序观念的一种重要特征，和早期遵循轴心时代的灵性原则来改变社会的激进努力相联系，换言之，就是要去探索如今的自我认识是如何演变而来的。

看来我们没有必要去探索这种谱系学，因为减法故事具有强大的控制力。它们之所以强大，是因为个人主义对我们来说似乎就是常识。现代人的错误就在于，把对个体的这种认识当作是那么理所当然，以

① 参见Fukuyama, *Trust*。

至于它“自然地”被认为是我们的自我认识。正如在现代认识论的思想里，对事物的中立描述被认为是首先影响我们的，而后才是价值观。因而，在此我们首先是把自己理解为个人，然后才意识到其他人的存在以及社会性的模式。通过一种减法故事就容易理解现代个人主义的产生：旧的思想被侵蚀而后消亡，现在产生的是把我们自己作为个人的潜在意识。

相反地，我在这里要提出的理念是，我们起初的自我认识是深深地植根在社会里。我们基本的身份是父亲、儿子等等，以及是这一部落的一个成员。只有到后来，我们才逐渐认识到自己首先是自由的个体。这不仅仅是我们对自己持有中立态度的一场革命，而且也是道德世界的一次深刻变革，就像身份的转变一样。

这就意味着，我们在这里也要分辨出一个关于社会深植性的形式的和物质的模式，这和我上文所描述的两个层面是相互对应的。在第一个层面上，我们总是深植于社会；通过习得某种语言，我们在对话中认识到自己的身份。但是，在内容的层面上，我们可能学到的是成为一个个体，有自己的主见，获得与上帝的联系，以及我们自己的皈依经验。

因此，在我们对道德—社会秩序的理解中，伟大的抽离被看作是一场革命，而且它一直伴随着道德秩序的理念。成为单一的个体，并非是要成为鲁滨逊·克鲁索，而是要以一种特定的方式，置身于其他人群中。这是对刚才提到的整体性之超验的必要性所做出的反思。

这使得我们完完全全地从宇宙的神圣性中抽离出来，不仅仅是部分的、对一部分人来说的抽离，像早期的后轴心时代的转变那样。它也把我们从社会的神圣性中抽离出来，假定与上帝这一设计者有新的关系。这种新关系是可变化的，因为构成道德秩序基础的设计，可以被看成是指向寻常的人类繁荣。轴心时代的革命中这种超验层面，一定程度上减少了或者可以被减少，考虑到现世的善与来世的善之间的巧妙分离。然而只是部分分离，因为繁荣的概念依然在我们现代的道德观念中受到监管：如果它们要逃避谴责的话，它们就得与道德秩序本身的要求相符合，与正义、平等、非控制相符合。这样，我们繁荣的概念可以随时得到修正。这是属于我们后轴心时代的条件。

伟大抽离的最后一个步骤，在很大程度上是受到基督教的激励。但在某种意义上，它也是基督教的一种“腐败”，这是伊凡·伊里奇的一个令人难忘的短语。[①]受基督教的激励，是因为《福音书》也是一种抽离。我在上文中提到了从已确立的团结一致中脱离出来的呼召。但这一要求，更强烈地体现在诸如好撒马利亚人的比喻当中，就像伊里奇所解释的那样。虽然《福音书》里没有这么说，但是却明显地暗示了。如果那位撒马利亚人遵循着神圣的社会界限的命令，他就不会停下来去帮助那位受伤的犹太人。很清楚，天国需要另外一种类型的团结，这种团结可以把我们带到圣爱的关系网中。

腐败是这样由来的：我们所得到的并非是圣爱的关系网，而是一个有纪律约束的社会，其中不同范畴的关系是很重要的，因而成为行为准则。但是，这都始于以值得称赞的努力去反击世界的强制性要求，然后重塑这个世界。“世界”（宇宙）在《圣经·新约》中一方面有着积极的含义，正如体现在“上帝爱世人”（《约翰福音》3:16）中，另一方面也有着消极的含义：不以世界作为评判的标准。这后者所理解的世界，可以被理解为如今被神圣化的事物的秩序及其在宇宙中的深植性。[②]从这个意义上说，教会与世界是不一致的。这是希尔德布兰清楚看到的，当他在授权之争中奋力使圣公会的主教任命置于具有王朝的动力和野心这片侵略性的权力场之外时。

看起来很明显，人们应该以这种防御性的胜利为基础努力改变和

---

① Ivan Ilich, *The Corruption of Christianity* （Toronto: Canadian Broadcasting Corporation, Ideas series, January 2000）.

② 参见René Girard, *Je vois Satan tomber comme l'éclair* （Paris: Grasset, 1999）。

净化世界的权力场，使之越来越与基督教灵性的要求一致。但是，这自然不是一下子就可以实现的。变化在增加，而事业之火在某种程度上继续以更激进的方式重燃，通过不同的宗教改革一直延续到当今的时代。具有嘲讽意义的是，在某种程度上它变成了十分不同的事业；在另一个不同层面上，世界终究取得了胜利。也许自相矛盾就在于强制灌输上帝之国的理念。权力的诱惑，终究是太强大了，正如陀思妥耶夫斯基在《宗教大法官》的神话中所看到的。腐败就存在于此。

让我们现在转向去看看伟大的抽离是如何在我们现代的社会想象中起作用的。

第五章

经济作为客观化的现实

事实上，对现代性来说，起决定作用的，是三种重要的社会自我认识形式。其中的每一种都代表了格劳秀斯—洛克的道德秩序理论中对社会想象的穿透或者转变。这些形式分别是经济、公共领域以及民主自治的实践和世界观。

经济与以商业社会为基础的讲礼貌的文明之自我认识紧密联系。但是，我们可以把这种认识的根源追溯得更远，远到在格劳秀斯—洛克的关于秩序的理念中。

我在上文提到，这种秩序的新概念使得人们对宇宙的认识有了变化，认为那是上帝天意的作为。事实上，这是新秩序模式中最早期的例子之一，它离开了最初的处境，重塑了上帝的天意统治的形象。

上帝按照仁慈的计划管理着世界的这种概念是古老的，甚至是在基督教产生之前就有的，可以寻根到犹太教和斯多葛主义。而对上帝仁慈计划的构思方式却是新颖的。我们可以在从世界的设计布局到善良的造物主上帝的存在的论述中看到这一点。这些论述也是十分古老的。但在从前，他们强调整个框架的宏伟设计，在这个框架下我们的世界（恒星、行星等）得以创造，而后强调造物的绝妙的微观设计，包括我们自己，使我们的器官与各自的功用相适应，也强调大自然的进程使生命得以维持的普遍方式。

这些观念固然一直延续下来，但18世纪新增的内容是，对旨在促进相互利益的人类生活方式的赞赏。有时候，其重点是放在互惠上，但是这种快乐的设计，经常存在于所谓的“无形之手”的因素中。我在这指的是，我们被“规划”而产生的行为和态度，并且他们对普遍的快乐有系统地产生有益的影响，即使这些是原先未计划的行为、未确定的态度。亚当·斯密在他的《国富论》中为我们提供了这些著名的机制，在这些机制中，对个人财富的追求，有助于社会整体财富的增加。但是，也有其他的例子，例如，在他的《道德情操论》中，斯密提到，造物主让我们十分崇尚等级和运气，因为如果社会秩序依赖对有形声望的尊重，而不是依靠不那么显著的美德和智慧等品质，那么它会稳固得多。①

秩序在这里就像是一种良好的机械设计，其中有效的因果关系起着关键的作用。在此，它不同于早期秩序的概念。早期的概念是，和谐来自于社会中体现在不同层次的存在或等级中的理念或形式的一致。在新的概念中关键点在于，我们的目的相吻合，不管在我们每个人的主观意识上它们会是多么的不同。这些目的让我们交换彼此的利益。我们赞赏并支持富人们以及出身名门者，而作为回报，我们享受稳定的秩序，如果没有这样的秩序，繁荣即成为不可能的事。上帝的计划是这些连锁反应的原因之一，而不具有和谐化的意义。

换言之，人类忙于互换服务。其基本模式，看来就是一种被我们渐渐称之为经济的模式。

这种对天意的新理解，已经出现在洛克的《政府论（下篇）》里对自然法理论的详细表述中。我们可以看到经济层面在秩序的新概念中占有多么重要的地位。关于这一点有两个层面。一个有序社会的两个主要目标是安全和经济繁荣，但是，由于整个理论强调一种有利可图的交

---

① Leslie Stephen, *History of English Thought in the 18th Century* (Bristol, England: Thoemmes, 1997), 2: 72.

换，那么人们就可以开始通过准经济的暗喻来看政治社会本身。

因此，名流路易十四对他的王太子进行忠告，支持交换的观点，说："世界上所有这些不同的社会地位，只有通过一种相互交换的义务才能得以统一。臣民给予我们的顺从和尊敬并非免费的礼物，而是作为他们希望从我们这里得到的正义和保护的报酬。"①

这恰巧为（最后证明是这样的）一个重要的转型阶段提供了洞见，在漫长的征程中把互利的秩序过渡到我们的社会想象。这是根据命令和等级制度而建立的一个竞争模式的秩序。路易十四和他同时代的人所提出的，可以被看作是新旧模式之间的一种让步。对君主和臣民的不同功用之合理性的基本论证，是属于新模式的范围，即彼此之间进行必要的、有成效的服务交易。然而，正当合理的社会仍然是一个具有等级制度的社会，最重要的是，最激进的等级关系，即绝对权威的君主及其臣民之间的关系。虽然，这里的正当性是越来越针对功能的必要性而言的，但是，主人的形象依然反映出一种内在固有的优越感，一种本体论的等级制度。国王，在众人之上，能够使社会团结并且维系着一切。国王，引用路易十四最喜欢的形象来比喻，就像太阳一样。②

这可以被称为是巴洛克时代的手段③，除了它在凡尔赛宫的最壮观

① *Mémoires*, 63, 引自（Nanerl Keohane, *Philosophy and the State in France*（Princeton: Princeton University Press, 1980），第248页。

② Keohane, *Philosophy*, 第249—251页。

③ 当然，在这一简述的背后，存在着一个重大与复杂的论题。它的基本观点是，巴洛克文化是现代所理解的内在的、诗意的主体性，世界上所构建的秩序以及早期所理解的由形式塑造成的宇宙世界的一种综合。根据后见之明，我们把这种综合看成是不稳定的，是会被取代的，而事实上也就是这样。

但不管这件事的真实性，我们可以看到在巴洛克的文化里存在这一种本质上的张力，这是在固有的且是等级的秩序与那些通过建设性的活动使得这一秩序持续和完善下来的行动者之间的张力。这些行动者因而自认为他们是靠自己行事，因此，从这个角度来看，他们是置于等级制度之外的，所以是平等的。路易十四等人就是属于这种混合模式的。

我从杜普雷的*Passage to Modernity*（第237—248页）这本书里关于巴洛克艺术的有趣描述中学到了许多。杜普雷称巴洛克是在人类主体性及其发生的世界之间的"最后的全面

的例子是以古典的形式表现出来的。正是这种折中的方案一段时期统治了欧洲大部分地区，其政权是通过许多等级互补性的盛况、礼仪和意象来维持的，但是建立在人们从现代秩序中获得越来越多正当性的基础上。博叙埃对路易十四的绝对辩护也如出一辙。

但是经济，不仅成为一个暗喻：它越来越被看作是在社会中占主导地位的方面。与路易十四的忠告回忆录同时期的，蒙克莱田提出了一个治国的理论，即把国家看成是协调方方面面的权力，在此权力下，经济得以繁荣发展。（巧合的是，似乎是他创造了“政治经济”这个词。）商人因为贪财而经商，但是统治者的良好政策（这里，就是一只有形的手）能使贪财接近大众的利益。①

这第二个转型，反映了我在第一章里所表述的现代秩序的第二种特征：我们注定要授予彼此的互利在保障人们的生活及其谋生手段上都起到了关键的作用。这并不是天意理论范围内的一种孤立变化，它与时代的大潮流是顺应的。

这一潮流经常是根据标准的物质主义者的解释来理解的，这是我在第三章里提出来的，例如，古老的马克思主义者认为手工业生产者、商人以及后来的生产商正变得越来越多，并获得更大的权力。这一说

综合”。在这个世界里，主体性所产生的意义可以找到与我们在世界里所发现的其他意义的某些关系。但是，这是一种充满了张力和矛盾的综合。

与其说巴洛克教堂艺术是把这一张力的重点放在宇宙这一静止的秩序上，不如说是放在彰显宇宙中能力和善的上帝那里。但是这一递降的能力是被人类主体性所吸收和发扬，形成了“神圣秩序与人类秩序之间的现代张力，这两者被认为是分离的权力中心”（第226页）。

杜普雷认为，巴洛克文化是被“一个全面的灵性远象联合起来……人是站在中心位置，自信有能力赋予一个新生的世界以形式和结构。但是，这里也存在着宗教的意义，人所站立的中心依然与超在的力量源泉垂直地联系着，通过一级级的中介，造物主取得了他的力量。这是一个双重中心——人类和神明的中心——把巴洛克的世界图景与一种中世纪的纵向图景分开了，认为现实是从一个单一的超验点而来的，也与无疑是后来现代性的横向理解分开了，它在文艺复兴的一些特征中已经预示。这两个中心之间的张力使得巴洛克具有了复杂的、不平静的、有活力的特性”（第237页）。

① Keohane, *Philosophy*, 第164—167页。

法，即使是从其自身的层面来说，需要提及日益变化的对国家权力的要求来进行补充。那些执政的精英们越来越明白，增长的产量和有利可图的商业交易，是获得政治和军事权力的主要条件。荷兰和英国的经验都证明了这一点。当然，一些国家一旦开始在经济上发展，它们的竞争对手也会因此被迫去寻求同样的发展，或者沦为依赖的地位。这是商业阶层的地位得以提高的原因，它不是更甚于，至少和不断增长的数量和财富一样。

这些因素都是重要的，但是它们还是不能提供对自我认识变化的全面解释。让我们走上这条道路的是几个层次的变化，不仅仅有经济的，还包括政治和精神方面的。我认为，韦伯在这方面是正确的，即使并非他的理论的所有细节都是可利用的。

人们拥有稳定的工作的重要性，最早是源于这一事实，他们因此能把自己置于“固定的轨迹”里，这是清教徒的表述。如果有序的生活是一种强制性的要求，不仅是针对军队的、灵性的或智力的精英，也是针对广大的普通群众来说，那么，每个人都必须成为有序的人，并且认真对待他们在平生中所做的、必然地必须做的，也就是从事一个具有生产能力的职业。一个真正有序的社会，要求人们认真对待他们的经济职业，并且为这些职业制定纪律。这是政治基础。

但是在改革宗的基督教里，并在相当范围内的天主教徒中，有一个重要的灵性原因促成了这种要求，这也是韦伯所提到的原因。放在改革宗的新框架下来说：如果我们要去反对天主教的观念，即有一些更高层次的独身或修道院生活的天职，遵守着“理想而不切实际的劝告”，如果人们主张所有的基督徒都必须是百分之百的基督徒，而且在任何天职里，都能够成为百分之百的基督徒的话，那么，就必须主张普通的生活，就是大众都免不了要过的生活——生产和家庭的生活、工作与性的生活，是和任何其他的生活一样神圣。而且，事实上，这样的生活比在修道院里的独身生活更加神圣，因为后者是建立在自负的、骄傲的断言的基础上，认为他们找到了一种更高层次的生活方式。

这是使这种平凡生活神圣化的基础，我认为这对西方文明的形成有着巨大的影响，使之从原来的宗教形式过渡到大众的世俗形式。它包括两个方面：把平凡的生活变成一个基督徒生活的最高形式的基地，同时它也具有一种反对精英阶层的推动力：它打破了那些被声称是更高级的存在方式，不论是在教会里（修道院的职业）还是在世界里（源自于古代的伦理学，把深思置于比劳作的存在更高的地位）。这样，有权势的人被逐出他们的权位，而谦卑和温柔的人得以晋升。

这两个方面是在现代文明的发展中形成的。对这种平凡生活的肯定，是使得经济成为我们生活的中心部分的背景因素，也是我们把家庭生活或家庭关系放到重要地位的背景因素。这种反对精英阶层的观点，强调了平等在我们社会和政治生活中的基本重要性。[①]

所有这些因素，物质的与精神的，都有助于解释渐渐把经济提升到中心位置的原因，一种在18世纪已经看得很清楚的提升。在当时，还有一个因素介入，或者，也许那只是政治因素的一种延伸。一种越来越被公认的理念是，商业和经济活动是通往和平以及有序存在的道路。“商业”与贵族为寻求军事辉煌而造成的野蛮破坏之间，形成了对比。一个社会越来越转向商业化，就变得越来越优雅和文明，就越在和平的事业上胜人一筹。赚钱的推动力被看作是“冷静的激情”。当它在社会里扎根下来，它可以帮助控制和抑制暴力的激情。换言之，赚钱是为我们的利益服务，而利益是可以监督和控制激情的。[②] 康德甚至相信，当国家成为共和国的时候，当它被为经济利益驱动的普通纳税人控制得越多的时候，求助于战争的情况就会越来越罕见。

---

① 我在Charles Taylor, *Sources of the Self* (Cambridge, MA: Harvard University Press, 1989)的第十三章中用了较多的篇幅讨论这一问题。

② Hirschmann, *The Passions and the Interests*这本特别有趣的书，使我受益匪浅。

这种新的以经济为中心的自然秩序的理念，成了利益和谐理论的基础。这甚至还逐渐被投射到宇宙中，因为正是这一理念被反映在18世纪的宇宙秩序观中，不是作为形式运作的等级制度，而是作为一个存在链，其存在的目的是相互作用的。事物具有相互的凝聚力，是因为它们为彼此的生存和繁荣服务。它们构成了理想的经济模式。

看到濒临死亡的植物依然存活，
看到正在毁灭的生命再次复生：
一切消亡的形式由其他形式补充，
（我们交替着抓住生命的气息，而后死去）
就像生于物质之海的泡沫，
它们产生，破碎，最终回归大海。
无物是外来的：部分与整体相联系；
一个照顾一切，保护一切的灵魂。

一切的存在皆关联着，无论伟大还是卑微；
让野兽获得人类的帮助，人获得野兽的帮助；
万物均受惠，万物均出力：无物独立依存；
如此关联之链循环往复，何处终止，无人知晓。

……
上帝根据每一存在物的本性
构造其适合的福祉，规定其恰当的界限；
就像他构建整体一样，整体祝福着，
我们相互的需要建立了相互的幸福：
因此，永恒的秩序从一开始运行，
生物与生物，人与人相互联系着。

由此，蒲柏胜利地总结道："真正的与己、与社会的爱是相一致的。"[①]

也许由这一秩序的新理念而产生的第一大转型，在理论和社会想象方面，在于我们开始把社会看成是一种经济，是一系列相关联的生产、交易和消费的活动，从而形成了一套有自身规律的和原动力的体制。经济，不仅是单纯地由那些掌权者来管理我们在家庭中或国家里集体需要的财产，它现在也界定了一种我们相互联系的方法、一个共同存在的空间。只要不受到无序和矛盾的威胁，这一空间在理论上是可以自足的。把经济理解为是一种体制，是18世纪理论的一个成就，也是重农主义和亚当·斯密理论的成就。但是，把社会里最重要的目的和议程看成是经济合作和交易，是我们从那个时期开始一直延续到今天的社会想象中的一个趋势。从那时起，有组织的社会不再和政体相等同；社会存在的其他层面被看作是有着其自身的形式和整合性。这种转型，在这一时期市民社会这一概念的含义中体现了这一点。

这是我要讨论的三种形式的社会想象中的第一种形式。但在讨论第二种形式之前，我要提出现代自我意识的一个普遍特征，这个特征在我们把经济与其他的两种形式进行对比时就凸显出来了。公共领域和自治的"人民"把我们想象成集体的动因。就是这些新模式的集体动因，是自有西方现代性以来的最主要的特征之一；我们终究把自己理解为是生活在民主时代里的。

但是，根据无形之手来阐述的经济生活是很不一样的。在那里，没有集体的行动者；事实上，这种阐述等同于否定了这样的行动者。有一些行动者，代表他们自己行事的个人，但是全球效应却悄然兴起。它有着某种可预测的形式，因为有相应的法律管理着众多的个人行为相互联系的方式。

这是一种客观化的阐述，依照着物以类聚的法则，把社会事件看成

---

① Alexander Pope, *Essay on Man*, 第三部分, 第9—26、109—114页；第四部分, 第396页。

是自然界中其他事物的进程。但是，这种对社会生活的客观化看法，是从现代道德秩序中派生出来的现代意识的一部分，同样也是想象社会动因的新模式。这两者属于同一包裹中的物品。一旦我们不再把社会秩序的理念看成柏拉图所提出的在现实中运作的形式，而是看成人类主体性强加在无活动力的现实中的形式，我们需要无活动力现实的轮廓图以及构成这一现实体的种种因果联系，就像我们需要集体行为的模式一样。工程师需要知道他将要工作的领域的法则，正如他需要制订一个计划试图完成目标；事实上，除非前者是明确的，否则后者的计划是无法制订的。

这个时代同样看到了一种客观化的社会科学的开端，从17世纪中期威廉·佩蒂在爱尔兰的调查开始，即收集了关于财富、生产和人口统计的事实与数据，使之成为制定政策的基础。对社会现实的客观化描述，与大规模的集体动因的组成一样，都是西方现代性显著的特征。[①] 对社会的现代理解，是带有根深蒂固的双重焦点的。

要想更好地从科学的本质来理解这种变化，我们需要从另一个侧面来看。只要社会是根据类似于柏拉图或亚里士多德的目的论来理解，这种双重焦点的观点是不可能的。谈到目的论，我不想再提出任何繁琐的形而上学的学说；我想谈一种广为流传的对社会的理解，即社会有一个“正常的”秩序，倾向于自行维持，但可能会被某些发展所威胁，以至于到了一定的地步，就会受到破坏，导致内部冲突，或者完全失去了其合理的形式。我们可以把这个看成对社会的一种理解，与我们根据健康与疾病的关键概念来理解作为有机体的我们自己，是完全可以类比的。

甚至马基雅维里在提到共和的形式时，依然有着这样的理解。这些形式如果要保存下来，在高层和人民之间有必要维持某种张力中的平衡点。在健康的政体中，这种平衡是通过秩序间的相互监督、竞争或

① 参见Mary Poovey, *A History of the Modern Fact*（Chicago: University of Chicago Press, 1998）的第三章中有趣的论述。

者操作来维持的。但是，某些发展会对此产生威胁，例如，对市民的私人财富和资产的过度关注和兴趣。这个会造成腐败，除非及时地、严格地去处理它，否则它会断送共和自由。这里存在的归因是：财富会破坏自由。但是，“腐败”这个词，伴随着它强烈的在规范上的共鸣，体现了人们对社会的理解是建立在对规范形式理解的基础上的。

只要是以这样的方法来理解社会，双重焦点的观点就站不住脚了。现实并非被理解为是没有活动力的，而是被一种正常的形式所塑造。它与自身恰当的形式保持着某种有限的距离，如果超过了这样的距离，就会旋入毁灭，就像健康的人类身体状况一样。成功的集体行为，被看成是在由这种形式塑造的领域里生成的；事实上，这个形式本身，正是行为的条件。一旦我们失去了形式，集体行为就会沦为追逐个人利益的腐败行为。既没有无活动力的现实，也没有外来的行为把一些形式强加在这一现实中。

有人也许会认为，亚当·斯密“无形之手”的概念，界定了一种新的“正常的”秩序，是一种共同致富的秩序。在某种意义上，可以这么说，它也因此是由很多我们当今市场的新自由主义支持者提出的。但是，这不是一个集体行为的秩序，因为市场是对集体行为的否定。要合理地经营市场，需要某种介入（维持秩序、强制合同的履行、制定度量衡等等）以及（不懈地强调）不介入（让政府不在幕后操纵）的模式。但是，亚当·斯密的“无形之手”让人吃惊的地方是，从旧科学的角度来看，它是从腐败的人当中，也就是完全为自己的利益而行动的人当中，产生的一种自然而然的秩序。这不是一种像马基雅维里把财富和腐败联系在一起的结果，不适合产生恰当集体行为的规范条件。

在一门与这些条件相关的科学里，既没有为免于规范性地构成的现实而约束的行为留出空间，也没有给规范性的、中立的和没有活动力的社会领域留出研究的空间。现代双重焦点之观点的组成因素，都找不到自己的位置。

这种在科学本性中的转型，也是和我在前几个段落提到的变化相互联系的。对现代人来说，有组织的社会不再等同于政体。一旦我们发现在行动者的背后，存在着非人为的运作程序时，社会里还有其他一些方面呈现出某些近似法律的系统性。在“无形之手”引导下的经济，就是这其中的一个方面；社会生活、文化或人口学的其他方面，随后也会被筛选出来，进行科学的论述。有效互动的人群组成相同的群体，群体却被认为以多种方式去构成一个实体、一个社会。我们可以把这些方式说成是一种经济，一种国家，或是一个市民社会（现在在其非政治层面被认同），或仅仅是一个社会或一种文化。“社会”与“政体”脱钩，而今又通过一系列不同的应用措施得以自由地运作。

这一科学的革命，在很大程度上开始拒绝根据目的规范思考的模式。这样的拒绝，在从现代的秩序观念而产生的道德思考中，也占有重要的分量，这在洛克以及他所影响的反对亚里士多德的表述中得以体现。当然，对目的论的拒绝，众所周知，是由支持这种新的、机械论的科学立场所促成的。但是，它也是被正在兴起的道德理论所推动的。新的、原子式的自然法理论与先前的理论，例如阿奎那所表述的，之间的区别，在于前者彻底地从托马斯所强调的亚里士多德的发源地分离出来。正确的政治形式，并不能从在人类社会中起作用的目的中演绎出来。证明法律是有道理的依据，要么是它是由上帝所命令的（洛克的观点），要么是它具有逻辑含义，考虑到人类的理性的、社会的本性（格劳秀斯的观点），或者是它提供保证各种利益平衡的方式（后来者的观点）。[①]

现代双重焦点的观点，并非没有张力。我先前说过，自由作为一种主要的善，在现代道德秩序中由多种因素决定：它既是赞成、因而构成社会的人类的主要特征之一，也成为工匠们建设他们自己的社会世界的必备条件，他们反对出生在已经有着正常形式的世界。事实上，对亚里

① 参见J. B. Schneewind, *The Invention of Autonomy*（Cambridge, England: Cambridge University Press, 1998），第一部分；Manent, *La Cité de l'Homme*，第一部分。

士多德的目的论强烈反对的原因之一，是它曾经被看成，也就是现在所认为的，会潜在地限制我们的自由，妨碍我们决定自己的生活以及建立自己的社会。

但是，正是因为这样的原因，一场战争可以在这双方之间爆发。一方对不可避免的现实的客观诠释，这可能会在另一方看来是在错误的积极性面前，人类放弃了规划自己世界的能力。赋予自由的重要性，注定要引起这种挑战。这种批评在卢梭的作品中处处可见，进而在费希特、黑格尔和马克思的作品中可以找到。我们不需要去强调它们在我们文明中的重要性。运用黑格尔和马克思的术语，把自在之物转变成假定的自为之物，这种雄心是不断循环往复着的。在不断尝试通过鼓动性的运动把一开始仅属于客观的社会学的范畴（例如，残疾的，吃低保的），变成集体动因，我们可以看到这一点。

但是在这些哲学家著书之前的，以及影响他们作品的，是具有公民意识的人文传统，是共和自治的伦理。这里就存在着一个与现代道德秩序本身不可分割的张力。甚至当它推进并殖民化我们的现代社会想象的时候，它唤起了不安与怀疑。我们看出这种根深蒂固，是与把现代社会视为商业社会的自我理解相联系的，而这种向商业阶段过渡的进程，被看作是对现代国家内部伟大的平定起到了影响作用。这个社会把战争从作为人类最高层次活动的宝座上赶下来，用生产取代了它的地位。它反对从前战斗光荣的法典，趋向于寻求某种平等。

所有这一切，自然会激起抵制。抵制不仅来自与旧习惯有着厉害关系的秩序，佩剑贵族，而且各阶层的许多人对此也抱有怀疑态度。随着商业社会的到来，高尚、英雄主义以及对非功利事业全心全意的投入，面临着衰退，甚至将要从世界上消失的危险。

这种担心的一种表现形式，是对男性的关切，他们遵循讲礼貌社会的风尚，成为“女子气的”、失去了阳刚的美德，这是18世纪一个重要的、持续不断的主题。在最基本的层面上，这种关切会体现在上层社会的流氓对那个时代讲礼貌的规条的反叛；在相对更高一级的层面上，它也许体现在18世纪英国决斗的回归。[①]但是，在最高的层面上，这种关切把公民社会的人文伦理提升为商业社会思潮的对手，或者，它成为对由现代形式所带来的衰弱、腐败和失去自由等危险的补偿。这并非是边缘人的关注；它是许多那个时代最有影响力的思想家们的关注，包括亚当·斯密。[②]

这些焦虑和张力一直是现代文化的主要组成部分。在一种形式上，它们可以导致重新改写现代的秩序观念——去挽救市民社会的美德，或者自由，或者非异化的自治，诚如我们在卢梭和马克思的哲学里所看到的。在另一种形式上，它们的确可以被看成是一种对秩序内在衰败的潜在威胁，但是，那些无意去反对这一秩序的人们，只会去寻找针对这种危险潜在性的预防药。亚当·斯密和后期的托克维尔都属于这一范畴。

对趋同，以及英雄主义和高尚行为的结束的关注，也变成了对现代道德秩序及其所代表的一切的强烈谴责，诚如我们在尼采那里看到的。围绕着现代文明中心的竞争秩序理念去建设一个政体的尝试，其最显著的几种形式，如法西斯主义及其相关联的集权主义，已经失败。但是，尼采持续的声望表明，他的强烈批评，依然在许多人中得到共鸣。现代秩序，虽然是不易被改变的，也许正是因为不容易被改变，依然唤起了诸多的抵制。

---

① Carter, *Men and the Emergence of Polite Society*, 第三、四章; Bryson, *From Courtesy to Civility*, 第七章。

② 事实上，我们现在认为的启蒙运动社会科学的高峰，从孟德斯鸠到弗格森，并非清一色的；这些作者不仅吸取了客观科学的现代模式，而且也吸收了传统的共和思想。亚当·斯密不仅提出了无形之手，同时也考虑到了把平民的劳动与“大多数人”的尚武精神绝对区分开来的负面结果。Adam Smith, *The Wealth of Nations*（Oxford: Clarendon Press, 1976）, 2:787. 弗格森，商业社会里最有影响的冰阶理论之一的作者，研究了这些社会走向腐败的状况。Adam Ferguson, *Essay on the History of Civil Society*（New Brunswick, NJ: Transaction Books, 1980）, 第五、六部分。

第六章
公共领域

经济也许是公民社会要获得独立于政体的身份的第一个维度。但随之而来的是公共领域的问题。

公共领域，是社会成员被视为可以通过多种媒介进行沟通的一个共同空间，如通过印刷、电子，也包括面对面的交流等媒介，来谈论共同感兴趣的问题，从而对这些问题可以形成一种共识。我提到“一个共同空间”，是因为虽然媒介是多种的，正如通过这些媒介所发生的交流一样，但是，在原则上，它们被认为是相互交流的。现在电视里播放的访谈，是根据今天上午报纸上的报导而制作的，而报纸反过来是对昨天在收音机里的辩论进行报导，诸如此类的。这是为何我们在谈到公共领域的时候，通常用的是单数的形式。

公共领域是现代社会中一个首要的特征，甚至它在事实上被镇压或操控而成为伪空间的时候，依然如此。现代的专制社会一般被迫经历这样的过程。党报里的社论，声称是表达作者的观点，但与此同时，也是为市民们考虑的；有组织的大规模游行，声称是发泄一大批人心中的愤怒。所有这一切的发生，就像是安排妥当的一种真实过程，要通过意见的交流形成共同的认识，即使从一开始，结果就得到认真的控制。

在此，我要特别引用两本非常有趣的书来进行讨论。一本大概是在30年前出版的，但最近已经被翻译成英文，是于尔根·哈贝马斯的《公共领域的结构转型》。它探讨了18世纪西欧的公共言论的发展。另一本书是新近出版的，是迈克尔·华纳的《共和的书简》，书中谈论了在英属美洲殖民地的类似现象。①

哈贝马斯书中的一个中心主题是在18世纪的西欧关于公共言论的新概念的兴起。分散在各处的刊物、小群体或地方办的交换刊物，逐渐被解读成是一次大辩论，从而整个社会的公共言论就这样产生了。换言之，可以这样理解，那些拥有相同的观点却分散在各处的人们，在一种交流的空间里相互联系。在这个空间里，他们可以和其他人交换自己的观点并最终达成共同的认识。

这个共同的空间是什么？当人们开始去思考这个问题的时候，这是件奇怪的事。假定，参与到这个空间里的人是互不相识的，但是，通过媒介——在18世纪，印刷媒介，他们被看成是相互联系于一个交谈的共同的空间。书本、小册子和报纸在受教育的公众中公开传播，表达论题、分析、观点以及反面观点，引用或批驳彼此。这些印刷品被广泛地阅读，并且经常在面对面的交谈中，在画廊里，在咖啡屋、沙龙，以及在（更有权威的）公共场所，例如议会，进行讨论。由讨论所形成的普遍观点，如果有，则被视为是新意义上的公众舆论。

这样的空间是我在这里所指的公共领域。结论"算作是"公共舆论，反映了这样一个事实，即只有这样去想象一个公共领域，它才能够存在。除非所有分散的讨论，在参与讨论者看来是与一种最广泛的交流有关，否则，他们讨论的结果成为公共舆论就不可能有意义。这并不是说想象是全能的。需要有客观的条件，比如，内部的条件，有一些零

① Jürgen Habermas, *The Structural Transformation of the Public Sphere*, trans. Thomas Burger (Cambridge, MA: MIT Press, 1989)；德国原版：*Strukturwandel der Öffentlichkeit* (Neuwied: Luchterhand, 1962)；Michael Warner, *The Letters of the Republic* (Cambridge, MA: Harvard University Press, 1990)。

散的当地的谈论话题；外部的条件，则一定要有印刷的资料，是源自于广为传播的独立资料来源，要有共同谈论的基础。就像人们常说的，现代的公共空间是有赖于“印刷资本主义”而产生的。但是，正如华纳所指出的，印刷本身，甚至是印刷资本主义，并没有提供一个足够的条件。它们要始于正确的文化语境中，这样，才能生成那些基本的共识。[1]公共空间是社会想象的一个突变，是对现代社会发展的一个至关重要的变化，它是漫长征途中的重要一步。

我们现在能更好地理解何为公共领域，以及为何它在18世纪是一个新事物。我一直说，它是一种共同的空间，在这个空间里未曾谋面的人们可以相互理解从而展开讨论并能达成一致的想法。我还要接着介绍一些新术语。我们可以谈及共同空间，当人们因着各种不同的目的而聚到一起，实施公共行为，这些目的可以是礼仪方面的，对一部戏剧的欣赏，一种交谈，或是对一个重大事件的庆祝。他们的焦点是共同的，不同于仅仅是集中的，因为它是他们所关注的、达成共识的行为，是有着共同的目标或者目的，而不是因为每个人碰巧对同样的事情感兴趣而聚到一起的。从这个层面上看，“人类舆论”只是提出了一种趋同的合一，而公共舆论则应该从一系列的共同行为中产生。

一种凭直觉就能理解的那种共同空间，是人们因着某种目的聚到一起而设立的，可能是为了亲密的交谈，或者在更大规模的公开的、特意安排的集会，一种礼仪，一个庆祝活动，或者令人愉快的足球赛或歌剧。由在某地集会而生成的共同空间，我要称之为“有专门议题的共同空间”。

但是，公共领域却有所不同。它超越了这种具有特定主题的空间。我们可以说，它把多个这样的空间织进了一个更大的非集会性的空间。相同的公共谈论被认为是贯穿我们今天的辩论，明天其他人真诚的对

① Warner, *Letters*, 第一章。

话，星期四的报纸采访等等。我把这种更大的非地方性的公共空间称作是“元议题的”。18世纪出现的公共领域是一种元议题的共同空间。

如此的空间一部分是由共同的认识构成的。也就是说，没有这些共同认识，就无法形成这样的空间，当然，这些空间也不能被简化成共同的认识。新的、史无前例的空间需要新的、史无前例的认识。对公共领域来说，也是这么一回事。

新颖之处并非是元议题。教会和国家都是已经存在的元议题的空间。但是，明白其新颖性可以带领我们认识公共领域的基本特征，这是漫长征途中向前迈进的一步。

我把它看作是征途中的一步，是因为在社会想象中的如此变化，受到现代的秩序观念的激励。在这方面有两个特征凸显出来。第一个特征已经暗示过了：它的独立于政治的特性。另一个特征是作为合法性的基准的力量。如果我们重新回到，像格劳秀斯或者洛克那里的理想化，我们就会明白为何这些特征是重要的。

首先，在格劳秀斯—洛克的理想化里，政治社会被看作是前政治的一种工具；在那里有一个在思想上可以置于政体之外的空间，似乎可以通过政体来评判实施情况。这是在想象独立于政治的社会生活的新方式中所体现的，具体地说，这些方式是经济和公共领域。

其次，自由对权利是至关重要的，社会的存在是为了保护权利。在对此以及对中介的重要概念做出回应时，这一理论非常强调，政治社会应该建立在依附于它的人们的共识上。

关于合法化政府的契约理论，以前就已经存在。在17世纪的理论中所产生的新内容是：他们把形成共识这一要求，放在一个更加基本的层面上。这不仅是因为一个被认为是已经存在的民族，要和那些声称要管理他们的人去达成共识。最初的契约把我们从自然状态中带出来，进而构成一种对个体成员有所要求的集体性。

对一次性的、历史性的共识的最初要求，作为合法性的一种条件，很容易发展成为对现时共识的要求。政府必须赢得被统治者的赞同，并非只是在最初的阶段，而是持续不断地成为政府合法性的条件。这就是在公共舆论的合法性功用中开始为公众所知的。

公共领域的这些特征，可以通过阐述它的新意从两个方面来谈：公共领域是做什么的；公共领域又是什么。

首先，公共领域是做什么的，更确切地说，在它那里又可以做什么。公共领域是每个人都能进行交谈的场地（虽然，在18世纪，这一主张仅仅涉及少数受教育者或“启蒙者”），在这里，社会可以对重要的事情形成一个共识。这种社会共识是一种经过深思熟虑后的观点，来自关键的辩论，而非仅仅是任何群众言论的概括。[①] 因而，它取得了一种具有规范作用的地位：政府必须听它的声音。有两种原因造成这样的局面，其中一种是具有发展势头的，并终究要取代另一种。第一种原因是这种舆论有可能是开明的，因此，政府是明智的去遵循它。哈贝马斯[②] 所引用的路易·塞巴斯蒂安·默西埃的陈述，则清楚地表达了这样的思想：

> 好书可以启蒙各个阶层的人；人们崇尚真理。就是他们已经统治了欧洲；他们向政府启蒙了它的任务、它的错误、它的真正的利益，并且它需要听从和追随的公众舆论——这些好书是具有耐心的大师，

① 这表明18世纪末对公共舆论的理解与今天的民意调查的目标相差得有多远。公共舆论调查力图要衡量的现象，用我的概念来区分的话，是一种集中的统一，无需来自于讨论。这就像人们的言论一样。段落中构成十八世纪版本基础的理想是源自于伯克，引自于哈贝马斯（*Structural Transformation*，第117—118页）：“在一个自由的国家，每个人都认为他与所有的公共事务皆有关系；他有权利对公共事务发表意见并把意见传递出去。他们选择一些公共事务，仔细思量，进行讨论。他们好奇、热心、关注并嫉妒；把这些事当作是他们每天思想和发现的主要内容，大多数人拥有了对这些事的较好的认识，而一些人的认识是相当可观的……而在其他国家，没有任何其他人，只有那些有职务的人很关心或会想到公共事务，不敢用言论去相互影响，不管是处于生活的哪个位置，这种能力尤其少见。在自由的国家里，经常是在商店和工厂里所拥有的真正的公众智慧和睿智要比在君主的内阁里更多，因为在内阁里没有人敢发表意见，直到君主问他们了才敢说。”

② Habermas，*Structural Transformation*，第119页。

他们等待着国家统治者们的觉醒以及对他们激情的平息。

康德也有类似的著名的观点。

这第二种原因，源于认为人们具有独立主权的观点。那么，政府不仅是明智的去听从公众舆论，而且在道义上也必须这么做。政府应该在具有理性的公众之中立法并且实行统治。在做决定方面，议会或法院应该集中起来，并制定从人们具有启发性的辩论中产生的法律。由此便产生了华纳根据哈贝马斯的思想所提出的“监督原则”，坚持认为执政群体的进程应该是公开的，接受具有辨别能力的公民的监督。[①] 所谓公开的，即立法的审议告知公众舆论，并使其在最大程度上是具有理性的，与此同时，坦率地面对压力，并且要承认，立法最终是需要公众舆论的授权。[②]

那么，公共领域就是一个理性观点得到阐述的地方。这些观点应该指导政府行为。这逐渐被认为是一个自由社会的基本特征。正如伯克所说的，“在一个自由的国家，每个人都认为自己应该对所有的公共事务有所关注。”[③] 当然，与过去几年的欧洲相比，这种主张在18世纪还是有新颖之处的。但是，人们还会问，这是史无前例的主张吗？难道不是任何自由社会应该有的特征吗？

不是的，此间的区别虽然是微妙的，却是重大的。我们拿具有公共领域的现代社会与古代的理想国或城邦做比较。在古代社会，对公共

① Warner, *Letters*, 第41页。

② 参见福克斯的演讲，引自哈贝马斯的《公共领域的结构转型》第65—66页：“征求公众舆论是正确和明智的……如果公众舆论正好与我的意见相反；如果，在向他们指出危险之后，他们依然不能从同样的角度来考虑问题，或者如果他们认为另一种方法要比我的更可取，我应该把它理解为因着对国王的责任，因着我国家的缘故，因为我要光荣退休，他们可以通过合适的手段去追求他们认为更好的计划，即通过一个和他们的想法是一样的人……但是，有一件事是十分清楚的，我需要为公众提供形成舆论的方式。”

③ 引自Habermas, *Structural Transformation*, 第117页。

事务的商讨，我们可以想象是在众多情形下展开的：在研讨会上朋友之间，在集会里，当然也在教会里相遇的人们之间，最后是要在那里做决定的。商讨在不断地展开，最终是由那些能干的决策层来定夺的。所不同的是，在决策层之外的商讨，准备了决策层最终采取的行动。“非正式的”商谈并非是隔离的，从其自身的状态来看，可以被看成是构成了一种元议题空间。

但，那是现代公共领域所发生的事。这是一个被有意识地认为，商讨应该置于权力之外的空间。权力者是需要听取这些商讨的，但商讨本身并不是行使权力的一种方式。这种超政治的状态是尤为重要的。正如下面我们将看到的，它使公共领域和也被视为是超政治的现代社会的其他方面相联系。这种超政治的状态，不能仅仅被负面地定义成是权力的缺乏；也可以从正面来看它：因为公共舆论并非是对权力的行使，它可以从党派性和合理的事物中理想地脱离出来。

换言之，随着现代公共领域的形成，人们认识到政权必须被政权之外者监督和审核。当然，它的新颖之处，并非是由他者来监督，而是在于这一认识本身。这种认识并非描述为是上帝的旨意或自然法（虽然这些也是可以阐述的），而是一种话语，源自于理性，而非权力或传统的权威。正如哈贝马斯所说的，权力是需要由理性来驯养的。[①]

这样说来，公共领域与先前的一切形式是全然不同的。一种非正式的商讨，虽然可以得出具有重要意义的裁定，却是在权力的范围之外来确定的。这借用了古时集会的形象（在美国尤其是这样），把整个社会投射成是一个商讨的空间。但是，就像华纳指出的，公共领域是在这一模式下的革新。那些参与其中的人，就像在集会者前面说话的人。但不同于古时集会的模式，这些人努力做到一定程度上的客观、一定程度上的公正，并避开党派性。他们努力否定自己的特殊性从而可以不受

① 引自Habermas, *Structural Transformation*，第82页。

"任何私人的或片面的观点"的影响。这就是华纳所说的"否定性的原则"。我们可以看出这一原则不仅仅适用于与口传媒介相对的书面媒介，而且表述了新的公共领域的一个重要特征，是超政治的，是一种不由权力来掌控的理性话语，是关于权力的或属于权力的理性话语。[①]

诚如华纳所指出的，公共领域的兴起打破了旧的、未受冲突和差异分裂的社会秩序理想。相反，它意味着辩论从此出现并持续着，而且在理论上，每个人都要参与辩论，同时这样做是完全合理的。先前的一致将永远逝去，但是新的一致也是会被取代的。因为持续不断的争议并不是为了行使权力，而是用辩证的方法展开一场准内战。在权力之外的辩论，一场理性的辩论，毫无偏见地明确共同的利益这一事实，将会弥补其潜在的具有分裂性和破坏性的一系列后果。"抵制争议的语言表述了争议的一种范式。它悄悄地把一个免受冲突辩论的社会秩序的理想，转变成为一个不会导致社会冲突的辩论的理想。"[②]

因此，公共领域所做的，是让社会在没有政治领域的调停下、在权力之外的理性话语中，取得一种共识，但是对权力而言这恰是规范性的。为了能够达到这样的效果，我们要看看公共领域应该是什么样的。

也许最好的方法是去试图明确在公共领域中什么是具有新意的、史无前例的。从某种程度上，我要从两个方面进行阐述。第一，是我们已经提及的创新的方面。当我们把公共领域与其基本形象的重要来源之一——古代的共和国进行比较，引起我们注意的，是一个超政治的所在处。"文学共和体"是国际社会里相互交流的专家学者快到17世纪末时称呼他们自己的一个普通术语。这是公共领域的初始现象，实际上，

---

① 参见Warner, *Letters*, 第40—42页。华纳同时提到了与现代资本主义的客观主体性的关系（第62—63页），也提到了这种客观的立场与反对帝国腐败的斗争之间是密切吻合的，这是殖民地时代在设计过于武断的模式中的一个中心议题（第65—66页）。

② 同上，第46页。

它也有助于公共领域的形成。这是一个游离于政治之外的“共和体”。

此间的类似与区别赋予这个形象以力量和意义：那是一个具有统一组织的共和体，把所有开明的参与者都组织起来，跨越了政治界限。但是，那也是一个没有从属关系的共和体；只要其成员从事文字工作，他们无需效忠于该共和体。

18世纪的公共领域继承了这样的某些特征。在这个领域里，团体的成员聚集到一起追寻共同的目标；他们晓得自己是在组建一个自己的社团，但并非是根据政治结构来组建的。古代的共和国或城邦却不是这样的。雅典是一个社会，一个共同体，但只是在政治的层面上进行构建。罗马也是这样。古代的社会是依靠法律来界定其身份的。在古罗马军团的鹰旗上，SPQR代表的是“元老院与罗马人民”，但是这里的“人民”指的是全体罗马公民，这是由法律来界定的人民。这些人民自己并没有一个身份，在法律之先和之外并没有形成一个整体。正如我们上文所看到的，这反映了一个前现代的对道德/形而上学秩序的共同理解，这一秩序是以社会实践为基础的。

相形之下，在阐述公共领域时，18世纪的祖先们把他们自己置身于一个社团，那是一个用以交流的共同空间，它不归功于任何政治结构，而被看成是独立于政治结构而存在的。

这一超政治的状态是公共领域新颖性的一个方面：政治社会里的所有成员（或者至少所有有能力和开明的成员）应该被看成是在国家之外又组成了一个社会。事实上，这样的社会比任何一个国家的范围更广；因为某些目的它延伸到整个文明的欧洲。这是一个极度重要的方面，它与我们当代文明的重要特征是相联系的。它在这一时代出现，而且不仅仅在公共领域里可以看到。我会时不时地再谈及这一话题，但我们首先来谈论第二个方面。

显然，一个超政治的、国际的社会本身并非是刚出现的。早在斯多葛时代就有了国际都市，随后又有了基督教会。欧洲人习惯于居住在由两个相互不可简约的原则所构建的二元社会里。因此，公共领域新颖性的第二个方面应该是其激进的世俗性。

这里我要重新提及这一术语的特别的用法，它接近于在一个特定的时代里所表述的最初含义。它显然与世俗性的大众含义有着密切的联系，即把上帝、宗教或属灵的方面从公共空间中除去。我在这里所说的，并非完全就是这些，而是那些促成世俗化的，也就是我们对社会基础的认识的一种转变。尽管有着会导致一系列混淆的风险，在这里还是有理由要使用“世俗”这个词，因为从词源学来看，它能表达在这样的语境里什么是利害攸关的，它与人类社会寓于时间中的方式有关。但是，以这样的方式来描述不同点，还需要做一些铺垫性的探究。

世俗性的概念之所以激进，是因为它不仅与社会的神圣基础形成鲜明对比，而且也与在超越当代共同行为的框架下构成的社会的理念形成对比。如果我们回到第一章里所谈论的前现代社会秩序的理念，我们就会发现，例如，等级社会把它们自己看成是象征“存在之链”的一部分。在先验性地填补国王、王公贵族等空缺的背后，存在着一些理念或形而上的现实，它们是由这些人不断地体现的。国王有两个身体，只有一个是特定的，是可朽坏的，即时下需要衣食呵护、后来要被埋葬的身体。[①] 在这样的世界观之下，组成社会的是它所体现的形而上的秩序。[②] 人们在一定的框架下行动，而这样的框架是先于且独立于人们的行为而存在的。

但是，世俗性不仅仅与神圣设立的教会或存在巨链形成对比。它和对我们社会的理解也是不尽相同的。这个社会是由很久以前就是我们的法律构建的。因为这也把我们的行为放进一个框架里，这一框架使

① 参见E. Kantorowicz, *The King's Two Bodies*（Princeton: Princeton University Press, 1957）。

② 欧洲以外的另一个同类的例子，参见Clifford Geertz的《尼加拉》（Princeton: Princeton University Press, 1980），描述了巴厘岛未被征服前的情况。

我们联结在一起，形成一个社会，并超越我们共同的行为。

与所有这些形成对比的是，公共领域是一个仅由我们所实施的共同行为组成的社团：在那里，大家尽可能地通过意见交流，达成共识。我们正是这样一起行动，才使社团得以存在。这种共同行为，不是要由某个超验行为层面上所建立起来的框架，才可能实现的，要么是由上帝的行为，要么在存在巨链中，或是由从远古传下来的律法。这使得公共领域彻底地变成世俗的。这也使我们清晰地了解公共领域中新颖和史无前例之处。

这么论述，还是很欠缺的。显然，世俗性的概念应该要阐述得更加清楚一些。也许这与奥体和存在巨链之间已经形成了足够的对比了。但我想说的是，它和传统的部落社会也有不同之处，那是创立了现代的北大西洋政体的日耳曼民族所拥有的，或者以另一种形式，组成古代的共和国与城邦所必需的。这可能会受到挑战。

这些社会是由一种法律来界定的。但它和公共领域就有很大的差别吗？毕竟每当我们想在这一领域里行事，我们就要遇到众多固有的机构：有一些报社、广播电视公司、出版机构等等。我们通过这些机构提供的渠道来行事。这难道不是和部落里的成员必须在酋长的领导下，通过议会、年会等等既定的组织架构来行事很类似吗？当然，公共领域的制度会发生变化；报业会破产，电视网络会萌生。但是，没有任何部落是以绝对一成不变的形式存在的；它们也随着时间而变化。如果想要说先前固有的体制对持续中的行为是有效的，而非对设立公共领域的最初行为是有效的，那么就可能得出这样的结论，这些行为是无法在时间的长河里被认同的，在部落里也是这样。如果我们坚持一定要有那么被认同的一刻，我们就得记住，许多部落把最初的创建行为都传承下来，比如，像莱克格斯，把法典流传下来。他肯定是在现行的体制之外行事的。

论到在体制内的行为，也有类似之处。但在相应的共识上，存在着一个重要的不同点。不错，在一个有效的公共领域里，任何时候的行为都是在既定的体制内进行的。有一种实际的处事方法。但这种处事方法，并没有享受任何凌驾于体制内的行为之上的特权。一切的制度都是先前通过在共同空间里的相互交流而制定的，和我们现在必须履行的制度是完全一致的。我们当下的行为可以去修正这些制度，这也是完全合理的，因为这些充其量只是交流行为的沉淀物和推动者。

但是，一个部落的传统法律却享有不同的地位。当然，随着时间的推移，我们会遵循其本身所提供的法规去改变它。但是，它不会仅仅被看成是行为的沉淀物和推动者。法律的废除，将意味着公共行为主体的废除，因为是法律把部落定义为一个实体的。但是，即使所有的媒介皆被废除，一个公共领域依然可以重新再建立，只要创出新的公共领域来。一个部落要得以重生，只有建立在认为其法律依然有效的基础上，虽然法律的效力可能被外来的入侵所中断。

这也就是我所说的，那些组成社会的、使得公共的中介成为可能的，超越了其自身所履行的公共行为。不仅仅是因为我们今天的共同行为所需要的制度是奠定在昨天的共同行为的基础上，虽然，先前的和现在的在本质上没有什么区别。更是因为传统的法律是共同行为的先决条件，在任何时候都是这样，因为公共的中介缺了它就不能存在。从这个意义上来说，它是超然的。相形之下，在一个纯粹的世俗社团里（是我所理解的那种），公共的中介仅仅在共同行为的沉淀物中并作为其沉淀物出现。

以世俗性这一概念为基础的重要区别可以和这样的问题相联系：社团是由什么组成的？或者说，是什么使得这群人随着时间的推移持续成为共同的行动者？这超越了这个中介所从事的共同行为的领域，社团是非世俗性的。共同行为是唯一的组成因素——不论最初的创建行为是否在过去才存在，或者现在才产生，并无实质性的作用——我们都具有世俗性。

这种世俗性是现代的；它只是在人类历史的最近阶段才产生的。当然，从共同行为中也滋生过各种阶段性的或议题性的共同行动者。一群人聚集起来，喊着要抗议，而后总督的官邸被石头砸了，或者其别墅被烧毁。但在前现代阶段，持续的、元议题性的公共中介，若是建立在纯粹世俗的基础上，是不可思议的。当时的人们仅仅把自己看成是由超验行为的事物所塑造的，不管它是由上帝或社会所象征的存在之链设立的基础，还是一些可以用来界定这些人的传统法律。这样说来，18世纪的公共领域代表了一种新型的空间：一个元议题性的共同空间，而且没有超验行为参与的公共中介，完全以其自身的共同行为为基础的中介。

但是，传统社会经常“记住”的创建时刻又是怎样的呢？在给斯巴达人留下法典的莱克格斯的行为是怎样的呢？这些自然向我们呈现了由共同行为所产生的组成因素（在此是法典）的范例：莱克格斯提议之，斯巴达人接受之。但是正是这种创建时刻的本质决定了它们与当代的共同行为不是在同一个平面上。创建的行为被置于一个更高的平面上，在英雄的时代里，那个时候和我们今天所认识的不是在同一性质的层面上。创建的行为和我们的行为不一样，并非只是发生在早期的、其沉淀物构建了我们当下行为的、和我们现在相类似的行为。这样的行为不仅仅是在早先就发生，而且发生在另一个时间里，一个具有典范性的时间里。①

这是为何我倾向于采用世俗性这个词，尽管会产生许多的误解。因为很清楚的一点是，我不仅仅把它理解为是“与宗教隔离”。② 所要隔

---

① 我在Charles Taylor “Die Modernitaet und die saekulare Zeit”，收录于Krzysztof Michalski, ed., *Am Ende des Milleniums: Zeit und Modernitaeten*（Stuttgart: Klett Kotta, 2000），第28—85页中，描述了前现代时间里的意识，包括不同模式的更高时间。

② 事实上，排除宗教的层面甚至不是我对世俗的理解的一个必要条件，更不用说是一个充分的条件。一个世俗的组织是完全建立在共同行为的基础上，排除了这一组织的任何神圣基础，但并不妨碍组织里的人们去继续过一种有宗教形式的生活；事实上，

离的东西要来得更宽泛。因为世俗的原意是“属世的”，也就是，属于现世的时代。在“现世的”与“灵性的”对立中它与“现世的”意思应该是比较接近的，像我们先前看到的。

在早先的时代，人们把非宗教的时间理解为是与更高时间相联系的（或是被它包围、被穿透，很难找到正确的词）。前现代对时间的理解似乎总是多维度的。时间是超验的，是置于永恒之中的，不论是希腊哲学里的还是《圣经》中的上帝的永恒。在任何一种情况下，永恒并非是无休止的现世时间，而是升华为一种不变的，或把所有时间聚集成统一体，因而有了“从今直到永永远远”的表述。

不论是柏拉图的还是基督教的对时间和永恒的理解，并非是唯一的，即使是在基督教的世界里。也有一种更广泛的基础时间的意思，正如伊利亚德所称的一种“原初时刻”。[①] 它和我们现在的时间有着复杂的联系，因为我们可以通过礼仪经常与之联系起来，而在某些特许的时刻里可以重新获得其部分的力量。这是为何不能毫无争议地把这样的时间置于过去（在普通的时间里）。基督教的教会礼仪年就利用这样的时间意识，为了要重演基督生命中的“创立”事件，其他的宗教也广泛地分享了这样的传统。

似乎是一种普遍的共识，认为具有重要意义的元议题性的空间和中介是在更高时间里构成的。国家和教会被看成是几乎有必要在一种以上的时间维度里存在着，似乎单独存在于现世的、普通的时间里是不可思议的。象征着存在巨链的国家与永恒的理念是相联系的；由法律界定的民族与创立时间不断地交流，法律就是在这一时间里制定的，如此等等。

现代世俗化从某种角度可以被看成是对更高时间的拒绝，并假设

甚至这样的形式都会要求，例如，政治组织应该是完全世俗的。比如，支持政教分离是带有宗教动机的。

① Mircea Eliade, *The Sacred and the Profane*（New York: Harper, 1959），第 80页。

时间是纯粹属世的。所有的事件只是在一个时间维度里存在，与现世的距离可亲可疏，与同类的其他事件有着因果联系。现代的同时性的概念形成，那些在原因或意义上全然没有联系的事件能够联系在一起，完全是因为它们同时出现在一个单一的现世时间点上。被社会科学所赞同的现代文学和新闻媒体，让我们习惯以垂直的时间片段的概念来思考社会，把许许多多有联系的和没有联系的事件结合在一起。我认为本尼迪克特·安德森说得不错，这是典型的现代社会想象的模式，我们中世纪的先祖们对此是难以理解的，因为在这一模式里，现世的事件是以十分不同的方式与更高时间联系在一起的，因而把所有的事件都归类在同时性的现代关系中是会显得不自然的。这带着对均一性的假定，它在本质上被占主流地位的时间意识所否定。① 在下文我还会回到这一话题。

现在转向我称之为世俗性的过程，显然与这一彻底净化的时间意识有关系。当社团坚定不移地、完全地被置于一个单一的现世时间里，世俗性就会出现，不管更高时间是否被否定，还是其他的社团依然被承认而存在于其中。这就是公共领域的情况，在其中存在着它的新的、（接近于）史无前例的本质。

也许现在我可以总结这个讨论并试图阐述公共领域曾经是什么。它

---

① 在《想象的共同体》中，安德森借用了本杰明的一个术语来描绘现代的世俗时间。他视之为是一个"均一的、空荡的时间"。均一正是我在此所描述的：所有事件均在同样性质的时间里发生。但是，时间的"空荡"把我们带进了另一个问题：时间和空间都被视为是事物和事件偶然置入的"容器"，而非由它们所构成的。这后一个步骤是部分现代物理学形而上的想象，正如我们从牛顿那里所看到的。但是通往均一的步骤是对世俗化至关重要的，正如我所理解的那样。

通往空荡的步骤是时间客观化的一部分，这是工具理性这一现代学科的一个重要观点。在某种意义上，时间被"空间化"。海德格尔在他对暂存性的理解中强烈反对这个概念；参见*Sein und Zeit*（Tübingen: Niemeyer, 1926），第二部分。但是把世俗性和时间的客观化区分开来，让我们可以把海德格尔划到现代这一边。海德格尔的暂存性也是世俗时间的一种模式。

是一个新的元议题性质的空间，社会成员可以在此空间里交换思想并且达成共识。因此，它构成一个元议题性质的中介，但是，它又被认为是独立于社会的政治架构而存在的，也是完全处于现世的时间里的。

一个超政治的、世俗的、元议题性质的空间：这就是从前的和现在的公共领域。理解空间的重要性，部分地在于这一事实，它不仅仅是这一空间，同时正是部分发展改变了我们对时间和社会的整体看法，以至于我们很难去回想，它一开始到底是什么样子的。

第七章

公共的与私人的

当然，在西方现代社会的发展过程中还有两个超政治的、世俗的空间是起着重要作用的：第一，在（市场）经济下所组成的超政治的社会，这是我在上文提到过的；第二，社会作为一群“人”，也就是作为元议题性质的中介，存在于政治上有条理的社会之先，并创立了这一社会。我们需要把这三个空间的发展联系起来，同时它们也是和这一时期出现的其他社会空间交织在一起的。

哈贝马斯提到，新的公共领域把那些已经开拓“私人”空间的经济行动者和产业主召集到一起，同时也把开拓了家庭生活所在地的“亲密”空间的人们聚集到一起。组成这一新的公共领域的行动者既是“中产阶级”又是“家庭中人”。[①]

我想这里有一个很重要的联系。这些新型的私人空间的重要性，体现在人们对它们在人类生活中的重要影响力的认识得以提高，以及支持国家和教会独立的共识得以日益增长。这一重要性，事实上，对一个超政治的和世俗领域的生活赋予了极为重要的意义。这很难让人们不去相信，这一重要性在一定程度上促进了公共领域的兴起。

---

① Habermas, *Structural Transformation*, 第二章，第六、七部分。

我愿意把这些不同形式的私人空间进一步置于历史背景下，就像我在第五章里所提出的那样，把它们与经济的兴起结合起来。这就是我所说的“对普通生活的肯定”。[①] 我在这里所指的是，发生在欧洲文化中的大型运动，似乎首先是由新教的改革运动发起的，此运动不断提升生产和家庭生活的重要意义。从古代世界流传下来的占主导地位的伦理，趋于把这些看成是“美好生活”的下层建筑，是根据沉思或公民的参与这些更高级的活动界定的；而中世纪的天主教会则倾向于把独身生活视为是基督教的最高级实践活动。然而，新教改革者们却强调我们应该首先在职业和家庭生活里跟随上帝。这样，普通的生活就被圣化，或者换言之，那些对具有特殊圣洁意义的生活方式（修道院生活），或特殊地点（教会），或特殊行为（弥撒）的主张，已经被弃绝，并被视为是不正确和不敬虔的信仰了，即人们可以在某种程度上控制着恩典的行为。

但是，如果说一切对特殊圣洁生活的主张都要被拒绝的话，就等于说，现世生活与神圣生活相联系的交汇点是被否定的。我们过着普通的生活，从事着自己的职业，且供养着我们的家庭。从这一新的观点来看，这是上帝对我们的要求，并不是靠着自己的努力去和永恒取得联系。与永恒相联系，完全是上帝的事情。这样，我们是过着美好的生活还是糟糕的生活，这一问题与我们的普通生活和现世紧密相关。

从神学的层面转移出来进入一个纯人类的维度，这产生了一系列现代信仰和感悟力，这一感悟力使美好生活的关键问题取决于我们如何过好普通的生活，拒绝更高级的或英雄的生活模式。这种转变，是注重和平的、讲理性的生产力的中产阶级伦理的基础，并对注重荣誉和英雄主义的贵族伦理进行抨击。这种转变，甚至有其英雄主义的形式，就像普罗米修斯所展示的图景一样，人类是生产者，可以改变地球的面

① 参见Taylor, *Sources of the Self*, 第十三章。

貌，这在马克思那里也是这样。或者它可以产生人际关系中更近代的自我实现之伦理，这是我们当今世界中的一部分。

这是我们要理解哈贝马斯的两种发展的背景信息。第一，对私人经济行动者充分的重视，反映了生产生活在普通生活伦理中的重要意义。这个行动者是私人的，是相对于国家和其他当局的公共范围而言的。私有产业世界如今具有新的尊严和重要性。这种私有性的提升赋予了某种个人主义以特权。因为产业行动者可以独自行事，在某一领域内操作，与他人进行交易而无需受到当局的制约。随着这些生产和交易行为被看成是在形成一种理想的自动调节的体系时，一种新型的超政治和世俗的空间概念也在形成，这种概念就是在现代意义上的经济。经济这个词，原先是用在对家政的管理方面，因此从未被看成是一个可以自行调节的领域，但这样的理念却随着重农主义者们和亚当·斯密的倡导，在18世纪的经济体系里得以兴起。这也是我们今天对经济的理解。

（市场）经济逐渐组成了一个领域，即人们联络到一起，去组成一个相互联系的社会的方式，这一过程不仅是客观的，也是具有自我认识的。这一领域是超政治的、世俗的领域，但是在一种重要的意义上，它不是公共的领域。也许现在是到了要分清这个频繁使用的术语之某些意义的时候了。①

"公共的"这个词，在这里的用法似乎涉及语义学上的两个重要的相关的含义。首先，它涉及影响整个群体的事务（"公共事务"）或对这些事务的管理（"公共权力"）。其次，它是让公众可以接触到的（"公园是向公众开放的"）或了解到的（"这则新闻已经向公众透露"）。这

① 在以下的论述中，我大量引用了Jeff Weintraub有深刻见解的分析，"The Theory and Politics of the Public/Private Distinction"，收录于Jeff Weintraub和Krishan Kumar合著的*Public and Private in Thought and Practice*（Chicago: University of Chicago Press, 1997），第1—42页。

是经济行动者的新的私人领域与“公共的”第一个含义的对比。但是，这些行动者也根据第二个含义组建一个公共领域，因为这一领域也正是一个元议题性的共同空间，人们聚到这一空间，相互交流。我们可以说，这是一个照面的地方，从这个意义上来看，是一个公共领域。

但即使从第二种含义来看，经济领域也不是公共的。一系列的经济交易完全在一连串因果关系中互相联系，这些关系都是可追溯的，同时我们也能了解它们是怎样相互影响的。但这不是一种共同决定（由政府当局做出的决定），而那些相互关联的交易，也不存在于某个公共领域中。不过，它依然是一种“领域”，因为这些经济行动者被看成是在一个单一的社会里相互关联，在那里他们的行为以一种系统的方式互惠地影响着彼此。

经济是上文提到的新型社会的第一种模式，这一社会是纯粹超政治的并存在于现世之中的。它构成了公共领域兴起的部分背景条件。对两者的解释总是相关联的，似乎是有道理的。

哈贝马斯提到的第二个背景是亲密的领域。这里我们可以看到对普通生活的第二个主要组成部分的认识发展：家庭及其情感世界。随着18世纪的发展，它成为对私有性的另一种需求的所在地，可以和“公共的”第二种含义相联系，即与“让公众可接触到的”相联系。家庭生活越来越退回到亲密的领域，它避开外来世界甚至是大家庭中的其他成员。在涉及家仆和外来者时房屋建造得越来越关注家庭成员的隐私。

强加于家庭生活的提升的价值观，在另一个长期发展的更加注重主观性和内在性的语境下，把18世纪珍惜情感当作成果之一。另一个转变，似乎是对美好生活的重视，发生在肯定普通生活的广泛的发展过程中，并为体验到美好、崇高或高尚的情感赋予新的重要性。这种新伦理是通过文学来界定并且得以宣扬的。也许最主要的载体是书信体小说。卢梭的《朱莉》就是一个范例。

这种文学有助于界定对亲密关系中亲密领域的新理解：亲密领域成为高尚情感和崇高体验的最完美之家。美学范畴里艺术的新概念，又进一步丰富了对这种经验的理解。当然，这是主体化的另一个成果，因为这一范畴内所理解的艺术是通过我们对它的反应来界定的。也就是在这个世纪，音乐一步步地从公共的和崇拜礼仪的功用中脱离出来，它和其他艺术一样成为美学欣赏的客体，从而丰富了亲密领域的生活。

这一亲密空间也是促成公共领域产生的部分背景。不仅仅因为它创建了部分私人领地（超政治的、世俗的），而且也是因为这种亲密的领地，是必须通过文学作品和批判的公共交流来界定的。这只是表面上出现的一对悖论，我们在下文还会看到。对人类身份的新理解是，不管它多么具有私密性，只有通过共同空间的界定和肯定后，才能逐渐被接受。这种重要的交流过程本身，渐渐构建了一种公共领域。我们也许可以说，它逐渐构建了公共领域的一条轴线，同时，构建了交流公共（在"公共的"第一层含义上）政策问题的主要轴线，甚至比它还要早一点。从未谋面的人们，能够对卢梭的《朱莉》所产生的感人力量，达成相互认可的共识，正如他们在早期的革命时代，对他的《社会契约论》所产生的见解达成共识一样。

改革运动还在第三个方面，为世俗时间的元议题性的共同中介创造了条件。我在这里特别想到的，是那些更为激进的加尔文派系。从一开始，加尔文主义就普遍提出对教会生活重建的要求，这种要求要比温和的信义宗要来得彻底得多。后来，尤其是在讲英语的国家里，它还延伸到了政治重组，以及根据新原则创立新的政治单位等领域，像在新英格兰那样。到了这个时候，改革运动的这一派系也开始分裂，并且出现了新的"自由"教会。这些教会是建立在越来越多的自发性的团体上，随着18世纪卫理公会和大觉醒运动的出现，加强了这一过程。

在这一创建和重建的循环往复的过程中，我们见证了越来越多的在世俗时间里公共中介的诞生。我们依然和上帝有着重要的关系，因为是他呼唤我们去参加重建活动的，但与更高时间的关系，已经显得越来越不重要了。如果可能的话，它仍然仅停留在末世论的层面上，认为在现世的末了，以及在上帝那里汇集的一切时间里，定会开创新的改革。随着这种观点的消退，创建的活动越来越单一地集中在现世里。

这些新教会或新宗派的生活，也在另一方面帮助促成公共中介的现代形式。它们通常要求其成员具有很强的责任意识，使得他们能够超越家庭、亲属、邻人和传统的效忠的界限，来和其他人交往。在他们所创立的社会团体里，归属于一个其成员独立和平等的宗教团体，要比维持这些不公平关系来得更加重要。当然，这样的做法，一直是基督教会的理论所支持的，只是现代的教会更为专注地践行这一点，要让其成员习惯于把他们自己看成是独自地、直接地属于整个群体的。因此，这就为现代“横向的”或可直接进入的社会，奠定了基础；在这样的社会里，我们的社会成员无需通过任何享有特权的群体，就能接触到社会。同时，这也为一个不断有新的社团出现的社交模式，奠定了基础。[①]

我们是要在整个经济、教会和亲密情感的大背景下，来了解欧洲公共领域的兴起。这意味着我们要把它理解为是“社会”的超政治的、世俗构成的一个家庭里的一部分。一方面，它和经济联系在一起，甚至和政治领域遥遥相离，因为它在任何意义上都不是宣传的领地。另一方面，它帮助着塑造了人民主权论的新形象，形成了18世纪政治行为的崭新的、有时又是令人害怕的形式。

① 我觉得法兰西斯·福山在《信任》中对这一点的论述是很有帮助的，他也认为这一派宗教改革运动所发生的社交活动为一个非常成功的资本主义发展的模式创造了条件。

第八章

具有主权的人民

人民主权论是在帮助构成现代社会的社会想象中相互关联的变化巨链的第三个要素。它一开始也只是一种理论，而后渐渐地潜入不同的社会想象里，并且去改变它们。然而，这是怎么发生的呢？事实上，我们可以分辨两个不同的渠道。我在此把它们界定成理想的模式，认为在实际的历史发展过程中，这两种渠道是相互交错的，有时是难以区分的。

一方面，理论可以通过新实践，去激励一种新的活动，从而以这种方式去塑造任何采纳这些实践的群体之想象。最早的清教徒教会是根据圣约的观念形成的，这正是其中的一个例子。由于神学上的革新，一个新的教会组织结构得以形成；这也成了政治变革的一部分内容，因为在一些美国殖民地里，社会组织结构本身也受到了教会管理方式的影响，就像在康涅狄格州的公理会那里，只有信徒才能拥有正式的公民权。

此外，社会想象中的变化，伴随着对已经存在于旧体制中的实践所做出的重释。从前的合法性模式被殖民化，事实上，随着对秩序的新理解，发生了变化，但在某些情况下，并没有明显的突破。

美国就是这样的一个例子。在英国和美国，对合法性具有支配作用的理念，例如，发起英国内战的那些理念，以及导致殖民地反叛的理念，基本上都是保守的。它们改变了“古老的宪法”这一理念，这是自古以来就有的建立在法律之上的一种秩序，在这一秩序下，除了国王之外，议会有着合法的正当地位。这是典型的前现代时期一种最普遍的对秩序的理解，追溯到“原初时间”（伊利亚德的术语），并非在普通的时间里。

这个较古老的理念源自于美国革命，变成了人民主权论的坚实基础，在这一基础上，美国的宪法是通过“我们，人民”之口来阐述的。对自然法的理想化秩序的诉求先于这一理念，体现在《独立宣言》里的“我们相信这些都是不证自明的”。[①] 由于所谓的传统法律，赋予了当选议会和它们对税收的共识以重要地位，这种转型就更加容易了。现在所要做的，就是转变这两者之间的平衡从而使选举成为合法权力的唯一来源。

但是，能够促成这个变化的是一种转变的社会想象，在这种想象里，创建的理念不再立足于神秘的远古时间，而被看成是人们今天所能做的事情。换言之，它要成为在当代的、纯粹现世的时间里，集体行为所产生的事物。这是在18世纪出现的现象，但实际上是在18世纪晚期而并非早期出现的。精英们事先提出了创立行为的理论，但并没有使其适当地融入社会想象中去指导实践。因此，1688年是一个革新的、激进的起点，回顾起来，我们似乎会觉得那是一种持续的行为，一种回到先前固有的合法性的行为。（我们被语义学的一个变化所欺骗。“光荣革命”原本的意思就是要回到最初的立场，而非现代意义上的一种变革。当然，在对随后历史的影响下，它有助于改变原先的意思。）

这种新理论和传统实践之间的一致，对于整个事情的结果来说是

① 这并不是一个看上去那样的大步伐，因为在殖民者的理解中，他们作为不列颠人所能享有的权利，已经被视为是对“自然的”权利的具体详述了；参见Bernard Bailyn, *The Ideological Origins of the American Revolution*（Cambridge, MA: Harvard University Press, 1992），第77—78，187—188页。

至关重要的。人民主权论在美国是可实行的，因为它可以找到一个普遍认可的在建制组织上的意义。所有的殖民者都同意应该通过一种议会的形式来建立新宪法，也许这个议会比常规的要大一些，比如1779年在马萨诸塞州的那一个。旧的代议制机构的力量，从实际层面来帮助"诠释"新的概念。

我们可以说，美国革命是根据一种合法性的理念而发起的，却是以产生另一种十分不同的理念而结束的，这在某种意义上避免了一种激进的分裂。殖民者维护传统的"英国人的权利"来反对一个傲慢的、麻木不仁的帝王政府。国王与议会的决裂一旦完成，人们也不再需要服从州长，那些抗议的领袖们就能够自然地经过现有的当选的立法机构而入选，成为大陆会议的成员。与17世纪四十年代的美国内战的类比是显然的。

但是，战争总是激进化的一个根源。通过一个《宣言》取得了突破，从而确认普遍的人权，而不再只是英国人的人权。有一些州根据民意而采纳了新的宪法。最终，整个运动的高潮，就是颁布了一部把新的共和思想完全置于现代道德秩序里的宪法：不需要先前的法律就可以根据人民的意愿去立法，人民成了立法的依据。

这种新的社会想象从根本上来说经过了一种回顾性的重释。革命的力量，很大程度上是在旧的、保守的合法性的理念基础上调动起来的。这在后来，将被看作是具有主权的人民之固有权力的实施。这种权力的存在及其合法性，可以从新成立的政体那里得以证明。但是，人民主权论的思想如果介入得太快的话，将不能完成这样的任务。先前的认为一个民族的传统权利是根据古老的律法来界定的理念，需要承担主要的任务，随着对界定现代革命的历史体现出的无情的忘恩负义，在它尚未被人忘却时，需要把殖民者号召起来去作斗争。

当然，这并不意味着在实际的实践中没有任何的变化，只有立法的话语中有变化。相反，人们采取一些重要的新的举措，而这些举措的合理性只有通过新的话语才能证实。我已经提到了一些州的新宪法，例如，1779年马萨诸塞州的宪法。但联邦宪法本身应该是最显著的例子。在联邦党人看来，必须建立一个新的中心权力机构，并非只是各个州的产物；这是一直以来他们努力要取代的联邦政体所犯下的主要的错误。组建一个共同的政体，除了有来自不同州的“人民”，还需要其他的东西。新的联邦政府必须在“美利坚合众国的人民”里有自己的合法性基础。这和整个联邦主义的计划应该是融为一体的。

与此同时，这种对具有主权人民的行为之回顾，如果没有一种在制度和实践上的延续性，去允许对过去的行为进行重释从而使之成为新原则的成果，就不可能实现。这种延续性的本质，在于殖民者基本上对当选议会就是权力的合法形式之普遍接受。更让人欣喜的是，所选出的立法机构成为地方自由的保障，可以去反对来自皇家或帝国控制下的官员对地方权力的侵犯。顶多，到了像需要采用一个新的州立法律这样的一个最为关键的转折点，他们需要求助于特殊的扩大议会。人民主权论完全是可行的，因为它具有在建制组织上的清楚的、无可争议的含义。这是新秩序的基础。[①]

具有重大效应的法国革命，却完全不是这么一回事。所有的历史学

① “在美国，就像在法国一样，没有人会害怕代表团制度同化为一种纯粹的统治形式。” Pierre Rosanvallon, *La Démocratie inachevée*（Paris: Gallimard, 2000），第28页。这种对代表制形式具有深远意义的赞同，并未避免对建制组织的强劲辩论，正如我们看到的对新联邦宪法的激烈论战。这甚至允许提出一些关于代表性本质的深刻问题；参见Bailyn, *The Ideological Origins of the American Revolution*, 第五章。这种基本的赞同也未能阻止群众起义反对由代表大会投票制定的律法，就像“谢司叛乱”那样。这里的问题是，这些反叛并非要试图建立可以敌对的合法性模式；相反，这是他们反对他们所看到的不公正的体制的最后手段，不管是多么的合理，体制依然要这样。这和下文谈到的旧体制下法国的起义是很相似的。参见Patrice Gueniffey, *La Politique de la Terreur*（Paris: Fayard, 2000），第53—57页。

家们所说的无法“使革命终结”[①]的部分原因，是由于对人民主权论的任何特定的表述，都会被其他一些拥有大量支持者的表述所挑战。这一消极的事实，是导致革命期间的头几年里严重动荡的部分原因，从王朝统治的合法性转移到了国家的合法性，在具有广泛基础上的社会想象中并没有取得共识。

这并不能被理解为是对动荡的全面的解释，只是想让我们知道，我们所列举的一些不同的因素，共同促成了我们所知道的结果。当然，大部分国王的扈从、军队和贵族不能接受新理念这一事实，给社会的稳定性制造了极大的障碍。甚至那些主张新的合法性的人们，也产生了分歧。但使后者产生极端分歧的，还是由于缺乏对国家的主权在建制组织意义上的共识。

伯克对革命者的建议是，首先立足于传统的宪法，而后再一步步地修正它。但是，这已经超出了他们的权力。这不仅仅是因为宪法、三级会议这样的代议制机构，已经中止了175年。而且他们与在文化阶层、中产阶级和一大部分的贵族中所萌生的对平等公民权的渴望完全不同步，这还可以体现在几个方面：在消极的方面，打击贵族的特权；在积极的方面，大力倡导共和政体的罗马及其理想。[②]这就是为何1789年三级会议的首要要求，是要废除那些不同等级的议会，而把所有的代表集中到单一的国民议会里。

甚至更严重的是，除了那些有文化的精英之外，人们几乎不知道由人民代表形成的议会的含义是什么。的确，人民群众以陈情书回应三级会议的召开，但是整个程序，都假定了皇家主权的持续存在；它并不适合充当传达人民意愿的途径。

而温和派所希望的是采用伯克提出的方案：对传统的宪法进行改良与演变，而后形成一种代议制机构，恰好被所有的人理解为，国家的

① François Furet, *La Révolution Française*（Paris: Hachette, 1988）.

② 参见Simon Schama, *Citizens*（New York: Knopf, 1989）, 第四章。

意愿是通过公民的投票来表达的。这便是18世纪的下议院的模式，即使这里所说的“人民”只是少数精英，被认为是通过不同的虚拟代表形式，为大众说话。

在英国，导致这一切的改良和演变，产生了自治形式的观念，这便是在更广泛的社会里的某种社会想象。这是为何在英国要求更广泛的民众参与表现为提议具有选举权的形式。这些人要求进入已建立的代表组织机构，正如最为显著的，是19世纪三四十年代的宪章运动。在同样的改良和演变中，美国在这方面是先行一步；它们的代议制机构，大致是由具有选举权的成年男子选出的。

这些通过当选议会而产生的自治的形式，在盎格鲁–撒克逊的社会里是一部分普遍可利用的储备。这些形式在法国的大众阶层里是没有的，而且它们以不同的逻辑，构成了它们自己的民众抗议的形式。但在转向探讨这些形式之前，还需要首先概述在贯彻新理论基础下的现代革命转型。

这种转型，只有在诸如以为合适的情况下，如果“人民”或者至少那些少数的重要活动家，能够理解并且吸收这样的理论，才能发生。但对于政治活动家来说，理解一种理论，就是要在他们的世界里把该理论付诸实践。他们是通过行之有效的实践来理解理论的。他们要觉得这些实践是合理的，是合乎理论所描述的。但是，让我们的实践合理的，是我们的社会想象。因此，对于这种转型来说至关重要的是，人民(或它的活跃部分）共享一个能够满足一种要求的社会想象，也就是这种想象包括实现新理论的方法。

我们可以把一个既定的民族在特定的时代里的社会想象想成是一种库存，正如我在第二章里所提到的，包括让他们认为合理的整体实践。根据新的合法性原则去转变一个社会，我们必须有一个包括符合这种原则方式的库存。这一要求可以分为两个方面：（1）行动者们必须知道该做什么，在他们的库存里必须有能够使新秩序奏效的实践活动；

(2)所有的行动者必须认同这些实践活动是什么。

借用康德的哲学来做一个类比：理论就像抽象的范畴；它们需要被“图式化”，如果要把它们应用到历史中，就必须在实践的领域里获得一些具体的阐释。

在一些现代革命的情形下，第一个方面的要求事实上是完全缺失的。以俄罗斯为例，沙皇的统治在1917年垮台之后，理应打开一条通向一种新的、共和的合法性的道路，全俄临时政府假定合法性要在次年他们所称的立宪会议中被界定。但是，如果根据奥兰多·菲格斯的分析，我们就会知道，当时的农民群众并不能把俄罗斯民众看成是具有主权的行动者。[①] 他们的确完全理解的，也是他们所追求的，是米尔独立行动的自由，也就是，分割被贵族（是在他们看来的）所占有的土地，同时不再被中央政府所镇压。他们的社会想象包括一个地方的集体动因，就是米尔或乡村里的人们。他们知道这样的一个动因，必须面对一个经常给他们带来害处、偶尔也给他们带来益处的国家政府。但是，他们并不知道全国人民作为一个整体可以从专制的政府手里夺取主权。他们的库存并不包括这种在全国层面上的集体行为；他们所能理解的是大规模的暴动，像普加乔夫起义那样，其目标并不是要夺取或取代中央政权，而是要强迫它变得不那么邪恶、不那么具有侵害性。

相形之下，在法国革命时期所缺失的是第二个方面的要求。不止一种可以实现人民主权的方式被提出来。一方面，传统的三级会议机制并不能适应这样的目的；（广大）民众只能从三级议会中选出一级议会；而整个体制是要代表屈服于君主主权的民众。

但是，在另一个方面，它的一系列理论要比美国的来得宽泛。这在某种程度上是由于在盎格鲁-撒克逊的世界里，对基于想象的代议制机构的强有力的控制抑制了理论想象，但它也是顺着法国独特的文化和

① Orlando Figes, *A People's Tragedy* (London: Penguin, 1997)，第98—101，518—519页。

思想轨迹而形成的。

在法国革命中起到重要作用的，是一系列受到卢梭影响的理论。这些理论有两个重要的特征，对革命的进程是具有决定性的。第一个特征是以卢梭的公意的概念为基础的。这反映了卢梭对现代的秩序理念之新的、更加激进的修正。

对秩序的这一理解的原则，正如我们所看到的，是我们每个人应该自由地选择谋生的方式，但是，以这样的方式每个人在寻找谋生手段时，或者至少不能阻碍到他人同样寻找谋生手段。换言之，我们对生活目标的追求必须一致。但是，对这种协调一致的理解却是多种多样的。它可以通过无形之手的过程来获得，正如亚当·斯密著名的理论所描述的。[①] 但是，由于这一理论从未被认为是具有足够说服力的，因此，需要通过遵循自然法来有意识地获得和谐。洛克认为自然法是上帝所赐予的，服从自然法的动机，使我们顺服上帝——是出于对造物主的一种责任感以及对永恒审判的敬畏。

后来，对上帝的敬畏被不带私情的仁爱或自然的同情的概念所替代。但是，所有这些早期概念的共同点，是它们假定了我们动机中的双重性：我们会倾向于牺牲他人的利益来寻求自己的利益，然后我们也可以通过对上帝的敬畏、不带私情的仁爱或是其他的什么，来为大众谋利益。卢梭正是要反驳这种二元论的思想。只有当我们可以克服这种双重性，当我对自己的爱与实现我同仁（那些与我一同参与和谐建设的）合理目标的意愿相一致的时候，才能有真正的和谐。用卢梭的话来说，就是自爱与同情的原始的本能在有理性和有德性的人类身上融汇到一

---

① 洛克已经提出了这一机制的初步形式。在他的“论财产”这一章节中，他提到：“一个人通过自己的劳动把土地据为己有，并不是减少反而是增加了人类的共同积蓄。因为一英亩私人占有并耕种的土地所生产出来的满足人类生活需要的产品（保守地说）也要比一英亩同样肥沃而任其荒芜的公地多10倍。因此，那个圈占土地的人从10英亩土地上所得到的生活必需品，比从100英亩未加耕种的土地所得到的还要多，可以说他给人类90英亩的土地。”（*Second Treatise of Civil Government*, 5:37）

起，成为对普遍的善的爱，这在政治的语境下被理解为是公众意愿。

换言之，在一个全然有德性的人身上，对自己的爱不再与对他人的爱有区别。但是，在克服这一区别的同时，却在另一个方面出现了新的二元论。如果自爱也就是对人类的爱，那又如何解释我们身上与德性相背离的自私倾向呢？这些必须源于另一个动因，是卢梭所称的骄傲（自爱）。这样，我对自己的关心便有彼此对立的两种形式，就像善与恶的对立那样。

在启蒙运动的语境下，这种区别是新颖的。但在另一个方面，它包含了回归到深深植根于传统的思维模式。我们要区分意志的双重品质。我们回到了奥古斯丁的道德世界：人类可以具有两种爱，一种是对善的爱，另一种是对恶的爱。但是，如果这两者的悖论不是那么明显的话，这便是一种修正的奥古斯丁思想，是伯拉纠派的奥古斯丁，因为现在善良意志是天生的、自然的，完全是人类中心说的，正如博蒙特阁下所清楚看到的。

这样的理论本身，置于现代道德秩序里，就是非常现代的。其目标是要让个人的意志和谐统一，即使这需要在确立新的身份，一个“公我”的情况下才能办到。[①] 自由，每个人的个人自由，需要被解救出来。自由是至善，以至于卢梭重新阐明美德与恶德，将其和自由与奴隶制相提并论。“因为食欲是枷锁，而遵守自己制定的法律则是自由。”[②] 我们之所以喜欢这样的法律，是因为它是为了谋求大众的利益，而非限制了自由。相反，自由来自于我们真实的内在，来自于一个扩展了的、已经转化成为更高层次的道德的自爱。它是从孤独走向社交的成果，也是从动物性转向人性的过程：

从自然状态到文明状态的过程对人产生了一种显著的变化，即人

① J.-J. Rosseau, *Du Contrat Social*, 卷一, 第六章。

② 同上, 卷一, 第八章。

> 们在其行为中以正义代替直觉，使他们的行为具有了从前所缺失的道德……在这种状态下，人被剥夺了一些由其本性带来的好处，但在另一方面，他却获得了更多——他的才能得到锻炼和发展，他的思维得到拓宽，他的情感得到升华，他的整个灵魂得到提升——如果对这种新状态的滥用并没有让他降低到不如先前的水平，那么，他就会不断地用理性去赞赏快乐时刻，当他永远脱离自然状态，从一个愚蠢的、目光短浅的动物转变成为一个有知识的存在以及一个人时。[①]

在另一方面，反对这一法律的，并不是一个真我，而是一个堕落的意志，通过对他者的依存偏离了它应走的道路。

卢梭的修正版给我们带来了一个道德心理学，这十分有别于自洛克以来对启蒙运动时期的标准概念。它不仅回到了具有双重品质——善与恶——的意志，同时也以十分不同的方式展示了理性和善良意志之间的关系。主流版本认为，理性得到了释放，它把我们提升到一种具有世界性的普遍立场，并使我们可以成为无偏见的旁观者。理性被看成能够把我们心中普遍存在的仁爱解放出来，或者至少被看成能教导我们去认识到我们开明的利己主义。但是，卢梭认为，这种客观化的理性服务于策略性的思考，只能让我们更加完全地陷入权力的算计中，通过试图控制别人，这些算计使得我们越来越依靠他们了。

这一深谋远虑的自我，同时又是孤立的并急于寻找他人的肯定，它能进一步压制着真我。而为美德去奋斗，就是尽力去唤醒在我们心灵深处的已经被埋葬的、几乎是销声匿迹的声音。我们所需要的正好和释放相反，我们需要和我们身上最亲密、最本质的东西密切结合在一起，它已经被世界的喧哗所遮盖，它就是卢梭所用的传统术语“良知”。

① J.-J. Rosseau, *Du Contrat Social.*

> 良知！良知！神圣的天性，来自天庭的不朽声音；对于那些虽有理智和自由，实际上却盲目而又有限的造物来说，你是真正的向导；你对善与恶的判断是无谬误的，能使人像上帝一样！在良知里涵括了人性中的卓越以及行为的道德；除此之外，在我身上我找不到任何使我优于动物的本性——在我身上因着放纵的理智和不守规则的理性的缘故，只有从一个错误徘徊到另一个错误的令人忧伤的特权。[①]

这种理论提出了一种新的政治，实际上我们可以看到它是在革命高潮时期，1792—1794年之间产生的。首先，这是一种让美德成为中心理念的政治，这是一种把自爱和爱国结合到一起的美德。正如罗伯斯庇尔在1792年所写到的："共和国的灵魂，是美德，是爱国，是把所有利益都融于公众利益的慷慨的牺牲精神。"[②] 在某种意义上，这回归到远古时代美德的概念，孟德斯鸠认为那是共和政体的"主要源泉"："相对于自身利益，对公众利益一贯的偏好。"[③] 但是，卢梭又把它重新融合成为新的概念（"把所有利益都融于公众利益"）。

第二，它具有摩尼教的倾向。美德与恶德之间的灰色地带趋于消失。没有一个合理的空间能让个人利益存在，即使它服从于对大众利益的喜爱。私利是腐败的一个标记，因此它属于恶德，最终都必须遭到反对。利己主义者等同于叛逆者。

第三，就像是经常被提到的，这种政治的话语具有类似宗教的趋向。[④] 经常出现一种神圣性（神圣同盟，杀死马拉的"亵渎之手"等等）。

但是，这一政治最显著的第四个特征，是关于代表性的复杂概念。

① J.-J. Rousseau, "Profession de foi du vicaire savoyard", 收录于*Émile*（Paris: Éditions Garnier, 1964），第354—355页。

② 引自Georges Lefebvre, *Quatre-Vingts-neuf*（Paris: Éditions Sociales, 1970），第245—246页。

③ Montesquieu, *L'Esprit des Lois*，卷四，第五章。

④ François Furet, *Penser la Révolution française*（Paris: Gallimard, 1978），第276页。

当然，对于卢梭来说，这是他的理论中第二个重要的特征——通过当选议会，通常所表现出来的政治代表性，是令人厌恶的。这和他对透明度的坚持是相关的。[①] 公众意愿是具有最大透明度的场所，因为当我们的意愿融合到一起的时候，我们可以最大限度地存在并且相互坦诚。特殊意愿固有的特点是具有不透明性，我们需要通过间接的策略，包括操纵和制造假象来实现它（这就涉及另一种形式的代表性，一种类似于戏剧性的形式，这也是不好的、是有害的。）这就是为何这样的政治观是那么容易吸收对隐藏的、不可明言的行为的不满，甚至是对计谋的不满，最终是对叛国的不满。在另一方面，公众意愿，是在每个人的眼皮底下公开产生的。这就是为什么在这种政治里，公众意愿总是需要被界定、被公布，甚至可以说是必须在人民面前产生。它是在另一种形式的剧场里，卢梭对此描绘得十分清楚。这不是一个演员在观众面前演戏的剧场，而是模仿公众欢庆的剧场，在这个剧场里每个人既是演员又当观众。这是共和国的真正欢庆与现代日益退化的舞台形式的区别。在前者中，人们可以这么询问：

> 那么，这些娱乐活动的对象是什么？他们又要演什么？竟然什么也不演。有了自由，哪里有富裕，哪里就有安康。把一个冠有鲜花的树桩种植在广场的中心；把人们一起召集到那里，你就能有一个欢庆的节日。做得更好；让那些观众自娱自乐；让他们自己都成为演员；这样做使得每个人在别人身上看到他自己并且爱他自己，这样，所有的人都可以更好地联合在一起。[②]

---

① Jean Starobinski, *Jean-Jacques Rousseau: La Transparence et l'Obstacle*（Paris: Gallimard, 1971）.

② J.-J. Rousseau, *Lettre à d'Alembert sur les spectacles*, 收录于*Du Contrat Social*（Paris: Classiques Garnier, 1962）, 第225页。从中我们可以看到卢梭所寻求的透明是反对各种形式的代表性，不管是政治的、戏剧的、语言的。对于某种特定的双重关系，透明和统一都要求这一同样的术语出现在这些关系中。这些包括了X支配着Y的

透明，就是具有非代表性，需要一种特定形式的话语，使共同意愿得以公开界定；甚至需要礼拜仪式的形式，使这一意愿得以为人民并且由人民来彰显，甚至有人会着魔似的认为，这并不是一次性的行为，而是不断反复的。在巴黎的那些重要年间里，这使革命话语的一个显著层面有意义，所谓的合法性，理应要通过公众意愿的（最终是正确的）确切表达形式，健康的、有德性的共和国的表达形式来获得。这在某种程度上可以解释1792—1794年间派系之争如此漫长的原因。不过，它也体现了革命欢庆的重要性，正如莫娜·奥祖夫所研究的那样。① 这是试图把共和政体向人民表明，或者用卢梭的话来说，是让人民自己把它表明出来；这些欢庆经常借用早期的宗教仪式的形式，例如，圣体节的游行。

我之所以说卢梭的代表性的概念是复杂的，是因为它不仅仅涉及一个消极的观点，即禁止由代表组成的议会制度。我们可以看到在革命话语的本身和欢庆中，另一种形式的代表性，是杂乱无章的或者是类似于戏剧化的。这并没有破坏卢梭的禁令；欢庆也是根据他的计划；如果有人这样说，应该还是公平的。但是，在这里已经出现了不那么可明言的、更具有潜在危险的东西。公众意愿只能在有真正美德——个人的和共同的意愿能够真正融合的美德——的地方存在，我们对许多人甚至是多数人仍然是“腐败的”，即尚未达到这种融合的情况，又有什么可说的呢？公众意愿只能存在于少数具有德性的人当中。他们将成为真正的共同意愿的载体，这种意愿客观上来说是每个人的，是每个人都愿意达到的共同目标，如果他们是有德性的话。

那么少数人对这种洞察真实性又应该做些什么呢？就让腐败了的“众人意愿”通过某些正式取得共识的投票程序去进行正常操作吗？这样做有什么价值呢？因为如果公意和众意正好相一致的话，就依然可

关系，以及X映衬了Y的关系。

① Mona Ozouf, *La fête révolutionnaire* (Paris: Gallimard, 1976).

以被假定为没有真正的共和。当然，少数派有责任去采取行动使真正的共和得以实现，这也就意味着他们要去与腐败做斗争并建立德性。

我们可以看到让政治起到先锋作用的诱惑，因为它已成为世界极为重要的一部分。这种政治要求具有一种新的代表性。它不是前现代的那种旧模式；在旧模式里，根据组织的构成，国王就代表了他的王国，主教代表了他的教会，公爵则代表他的下属，如此等等，因为在他们的位子上，他们把下属看成是可被代表的一个整体。它不同于这种模式，但是正如更古老的形式，革命政权借用了类似戏剧的自我显现的形式，来显示其功用。

它也不是被卢梭所谴责的现代意义上的代表性，即由选民选出代表来为大家做决定。我们可以说，这种新型的并非完全是公开的形式，是一种具有“化身色彩”的代表性。少数派体现了公众意愿，而公众意愿也只能在那里得到体现。但是，这种主张却难以表达，不仅仅是因为少数派希望他们自己能与通过正规模式所选出的代表区分开来，而且是因为为全体民众说话的这种主张带有某种固有的临时性。可以假定，它在正运行的共和政体里是不能立足的。它只能在革命的转型阶段起到作用。这是革命理论的一部分，但在执政的理论中却站不住脚。[①]这是我们经常看到的先锋政治里的不和谐的根源，20世纪初的布尔什维克革命就是一个重要的例子。

不管怎样，这种化身似的具有半公开代表性的理论产生了新的政治形式。在这种新型的活跃的先锋群体背后，雅各宾派应该是最为显著的例子。傅勒引用了奥古斯丁·科尚的观点，提到了在准备成立三级会议时，那些社会思想所起到的重要作用。[②]

在此我们可以看到一种政治的理论基础，1792—1794年间令人热

① Gueniffey, *La Politique*, 在他的讨论中很好地利用了这一区别。

② Furet, *Penser*, 第271页。

血沸腾的高潮使这一基础为我们所熟悉，同时这一基础创造了随后的一种现代传统，例如，列宁的共产主义。这是一种德性政治，是个人与公众意愿的融合，同时也是带有摩尼教色彩的，是具有极强的“意识形态”的，甚至在基调上都带有类似于宗教的色彩。它寻求透明，因而害怕它的极端相反的，暗藏的动机和阴谋。它具有两种代表形式：第一，通过既是杂乱无章的又是类似戏剧的形式来反映公众意愿；第二，即使只是不明显的，要求获得一种带有化身色彩的代表性。

显然，这种政治不符合卢梭的整合性的方案。例如，它不赞同他绝对禁止由代表组成的议会这一看法。这显然在不断向外扩张的将近三千万人口的大国里是不能实行的。但是，卢梭对议会制度的怀疑依然在雅各宾派的实践中起作用，尤其是他们把巴黎的人民召集起来去反对，甚至要清除议会制度，正如在1793年五六月间所发生的事。在此，人民的直接行为是要推翻一个（在一定程度上）腐败了的代议制机构。

这种理论具有潜在的极易引起争议的结果，以及它所鼓动的实践，可以在先前所界定的语境下得以理解。这是被一些负面的事实所界定的语境：第一，不像在美国那样，在固有的社会想象里，对由人民来统治在建制组织方面的含义并没有取得共识；第二，那种甚至与王权无逻辑的、反常的妥协而带来的稳定，由于它与历史是延续着的，被路易十六和他的扈从的暗中反对所破坏。在这种框架下，人民主权论的整套理论是相当重要的，尤其是这套理论包含了产生重要效果的卢梭的激进版本。

这是否意味着我们把1792—1794年间的“暴行”，尤其是恐怖时期，归咎于革命者所支持拥护的意识形态呢？这么说就过于简单化了。在整个转型的过程中，还有一个重要的方面是我们应该考虑到的。我们不仅具有由理论产生的新的政治形式和实践，同时也有了经过重新解释后采纳的旧实践。这些实践是在旧体制的法国一些非精英分子中发展起来的公众抗议和起义的形式。这些是根据他们自己的逻辑组织起来的。

法国的农民和市民在他们不能容忍的情况下，会以他们自己的形式表述他们的需要，也就是农民或城市起义。例如，在城市里，当麦子的价格飙升，而当地的商贩又有囤积居奇的嫌疑时，城市里就会有针对当地政府以及/或令人讨厌的商贩的暴动。这些暴乱者常常要被杀害，以一种部分仪式化的暴力，我们的现代敏感性认为这种暴力是骇人听闻的（例如，这些受害者要被斩首，并以长矛刺着他们的首级示众）。而后，皇室就要采取相应行动，派兵整顿秩序，给予一些象征性的惩罚（造成更多的杀害，带有其本身仪式化的因素，伴随着旧体制下的绞刑示众）。[①] 但是，他们也会确保采取措施来降低粮食的价格，设置价格上限或从别处进口粮食。

从一个角度来看，人们可以把整个血腥的过程看成是底层和有权势的高层之间的交锋，是以不折不扣的方式来陈述民情。但是，整个权力交锋的过程依然是在高层拥有权力这一背景认识的框架下进行的，这与界定人民主权论的认识是完全相反的。这种暴动并没有要求拥有民众权力。[②] 相反，人们经常受到古老神话的影响，认为好的国王被他的臣子所背叛，人们就需要以他的名义重新整顿秩序。因此，在1775年，暴动者掌握了粮库并强行限制价格，据称是“遵照国王的命令”。[③] 大众阶层要起到这样的作用，就必须改变他们的储备，然后才能作为

① 在福柯的《监视与惩罚》精彩的开篇中，我们可以从对达米安执行死刑的描述中推断这些是多么详尽，对我们来说是多么可怕，他于1757年试图刺杀路易十五。

② Gueniffey认为，旧体制的民众起义“并不显示出任何对权力的要求，它反而相当于对权力自主的含蓄的承认……人民很少要求不能确保其不受压迫的统治权。”（*La Politique*，第78—79页）。

③ Albert Soboul, “Violences collectives et rapports sociaux: Les foules révolutionnaires（1789—1795）”，收录于 *La Révolution française*（Paris: Gallimard, 1981），第578页。

具有主权的人民去行动起来。

在“导致革命结束”的因素中，大众民意的变化是其中一个良好的因素，它发展了一种新的社会想象，使得正常的有秩序的选举具有表述人民意愿的意义。与此同时，在以新的方式重新诠释旧的实践时，总是会面临困难的。

以1789年7月14日巴士底狱风暴为例。在许多方面，这是一个旧式的民众起义。它有一个特殊的、有限的目标：掌握可能储藏在巴士底狱里的武器来保卫巴黎、抵制瑞士雇佣军的威胁。它以传统的暴力形式结束了：地方统治者被绞刑，其首级被挂在长矛上示众。但是，正如以捍卫他们传统的、既定的权利的名义而发动的殖民地起义后来被重释为拥有主权人民的一种革新行为，所以这里对巴士底狱的攻占是一种民众权力的宣称。这一建筑物的重要意义，已经不再是潜藏武器这一特殊的可能的事实（事实上，里面并没有藏着武器，但人们却是那么认为的），而是作为一座监狱其基本的、象征性的本质，按照王室的命令人民被肆意地囚禁在那里。

事实上，就像威廉·休厄尔让我们看到的那样，议会以及精英阶层首先对这种行为感到不太自在。[①] 每个人对该结果都很满意（王室军队的撤退），不过却沉默寡言，就差要直接反对它所采取的方式了。这是公众暴力的爆发，一直是有产阶级所惧怕的，也是宪法改革的过程中需要避免的。直至后来，这种行为才被重新解释为是民众意愿的表达，为此行为辩护的人民主权权利的表达。这是一个新实践的基础，是革命暴动的基础。它命中注定需要经过一个漫长的、血腥的道路，正如我们今天所知道的。但是，这种新的形式，以及赋予它新生命的社会想象，如果没有和城市起义的长期传统联系的持续性，就不可能那么快地

① William Sewell, “Historical Events as Transformations of Structure: Inventing Revolution at the Bastille”, *Theory and Society* 25 (1996): 第841—881页。

确立。[①]

这种有创意的记忆错误的现象在社会想象的变更中起到了重要作用。这在一年之后的联盟节上得到体现，拉法耶特希望借此以君主立宪制的更温和的形式去稳定革命形势。当然，它成为政权交付给民众的象征日期，成为法兰西共和国一年一度的国庆日。

因此，在美国和法国这两个回顾性重释的例子里，新的想象归功于较为古老的那一个，后者在一定程度上承担了产生新形式的责任，不管它是联邦宪法或革命传统。作为回报，新的想象带着从前的烙印：在美国的例子中是代表制形式的首要性，而在法国的处境下，是对民众起义的赞颂，甚至是叛乱的礼拜仪式。从长远看来，如何在一定程度上把贵族起义的传统与对稳定的代议制机构的承诺统一起来，是一个挑战。

从事物的本质来看，在革命刚刚结束后，这种转变是不能马上奏效的。从前的、未经转变的民众起义文化，在事物进展的过程中继续起着重要作用。因此，更深入地了解民众起义的文化是值得的。这是一个非常广泛的主题。它关系到对革命进程起到非常强大之影响的整个农民起义问题，但还是城市起义直接影响了首都的派系之争。

① Colin Lucas, "The Crowd and Politics", 收录于Colin Lucas, ed., *The Political Culture of the French Revolution*（Oxford: Pergamon Press, 1988），第259—285页，追溯了革命在城市民众的实践中所引起的变化。精英们对它的重释是起到一定作用的。其中一点是，他们所提出的要求已经超过了大众的要求；他们的要求涵盖了一定的更高的政治目的。诺晋特-勒-卢特鲁的群众高呼着"国家万岁！小麦要减产啦！"是把传统的要求与新的国家政治的议程结合在一起的表现（第276页）。在革命第三年的7月到10月间侵占了国民公会的民众发动了"要面包和1793年宪法"的运动（第278页）。随着政治目的的扩展，民众有时候就能被革命阵营中的斗士，即被他们圈外的领袖所调动。这是促成这一著名阶段的因素。另一方面，民众似乎依然想当然地认为，正常的权力应该属于其他人，他们等待着正式的建制组织当局能够担起责任来。即使是那些在1795年侵袭国民公会的人，都不知道当他们达到了预定的目标后该做什么；他们听从了激进人士的领导。

我们从粮食起义的例子可以清楚地看到，起义是根据民众对正常价格的普遍认识。这是一个重要因素，被看作是大众阶层里所谓的“道德经济”，即对人们共享的经济关系的规范的、通常也是不言而喻的认识，这种经济关系成为他们反对发展资本主义的基础。[①] 当然，没有人指望这样的认识是可以完全被实现的。人们完全意识到来自贵族、富商、农业税官等压迫性的权力和制度。但是，当形势变得无法忍受时，人们认为，介入是必要的。

物价“不正常”的事实，总是可以被理解为是由一个可受责备的、可识别的人类主体性造成的。通常情况下，罪责在于“包买主”，即那些商人买下大量粮食，为了涨价和获暴利；但是，有时候民众的愤怒却是指向政府的，认为他们和商人勾结，或是认为他们是首犯，因为他们失职，未能及时为民众提供足够的食物。虽然，在民众的思维模式里，其首要的问题是邪恶的意志，而不是无能或没有警觉性。失职的公务员，显然没有比公众的敌人来得更加不称职。这就很容易解释，为何在大革命期间缺少贵族的谋略。不是混乱，而是邪恶的意志导致了不幸。

对于这种思维模式，似乎有两件重要的事。第一，几乎没有为客观的机制留下空间；没有为经济的新概念留下任何空间。这种概念认为，不管是供不应求还是供过于求，都是由市场的某种状态来解释的，而市场反过来是可以被异国或异地的事件所影响的。如果涨价，那是因为包买主囤积大量库存以期从我们这得到更多的利益。当然，人们也知道每年的收成有好有坏，那么，供不应求也就成了一种自然现象。但是，他们认为在一定的范围内，掌权者应该从其他地方去调用必需的补给品以至少避免物价的飞涨。这里的另一个迹象，如果有人想这么说的话，就是，那是一种平民的思维模式，平民趋向于认为他们实际上所没有的权利是属于掌权者的。这也是一种显然与资本主义正好相反的思维模

① Thompson, “The Moral Economy of English Crowd in the Eighteenth Century”, 第76—136页。

式，因为它没有给受到客观法律支配的那种经济留有空间，而这种法律对新的政治经济是至关重要的。此外，它还倾向于要求对各种邪恶采取干涉的补救方式。

这种相信权力可以直接干预的想法，反映了这一思维模式的第二个重要的层面：如果出了什么问题，总是因为某人的失误而造成的。人们就可以找出这个作恶者，并且一致反对他。更有甚者，因为应该负责任的人总是一个作恶者——不是因为无意识或者无奈而造成了不幸，而是他本身就是恶毒的，甚至是有罪的行动者——反对他的行为，不仅仅是要使他的恶行失效，而且是要对他进行惩罚。基本的正义感要求做到这一点。不过，还有更深一层的意思：惩罚不仅是要惩罚错误的行为，而且是要进一步清除有害的因素。

也许是最后一个因素，解释了为什么惩罚经常是极端的而且是暴力的；例如，可以把一个包买主处死。它使惩罚的象征性的、准礼仪的层面，包括死刑也是有意义的——似乎其目标是在一个带有魔法象征性的层面上消除邪恶，与此同时，当以具体的对立的形式来消除邪恶时，人们会失去战斗力。我们是在旧法国政体的刑法（对于我们来说是奇怪的）世界里，通过不同形式的“体面改良”，在某种意义上，旨在从一个具有象征意义的层面上消除罪恶。如果有人读到福柯对达米安的判刑之精彩的、令人不安的描写就可以生动地体会到这一点。达米安是因为试图弑杀路易十五而判刑的。①

简而言之，可以说在这样的一种思维模式下，负罪的那些人经常也是替罪羊。索布尔列举了下面的例子：

> 替罪羊之死：巴黎的地方长官贝尔提耶·德·索维尼和他的岳父、王侯顾问富隆·德·杜埃于1789年7月22日在格雷沃广场。据报导后者

① Foucault, *Surveiller et Punir.*

> 曾经说过，如果人民没有面包吃了，就让他们吃干草。他在维特里被捕之后，被带到巴黎的市政厅，正如哈迪所描写的，“在他的下巴那缠绕着一束荨麻，他的嘴里被塞了草，而且在他面前放了一车的干草。”拉法耶特站在市政厅的阳台上说，“那些同意把他下到监狱里的，请举手。”民众则大声喊道，“绞死他、绞死他，不能把他下到监狱里。”杜埃被抓起来，拖到格雷沃广场，“被一根绳子吊在一个灯杆上，离地30英尺，但是绳子断了。他们用绳子把他绕了几圈后，就把他的头砍下，插在长矛上。”索维尼必须亲吻他岳父的前额，然后，他也被杀。他们彻底地被羞辱：他们的裸尸被拖到大街上。①

我们可以看到在这种场景下一种残忍的、令人毛骨悚然的幽默。富隆被强迫要扮演吃干草的角色，这是他可能希望强加在人们身上的命运。整个体面改良的仪式是在一种庆贺的氛围下进行的，人们认为有值得欢庆的，是对民众权力的一种肯定，但是，这一事实并没有和具有象征意义的洁净权力相矛盾。我们知道在其他许多处境下，这种前现代的仪式具有这样的双重性，公众的欢庆与礼仪的有效性是不相抵触的。狂欢节是范例。事实上，甚至谈到双重性，也反映了我们现代的祛魅的、“严肃的”思维模式，在那里宗教和属灵的表现，与欢笑声和自然表露是不相吻合的。我们的观念反映祖先给我们带来的来自宗教的长期压迫，它使我们变得“现代”。索布尔提到了那些对包买主的不那么极端的惩罚时，提到了他们的家和商店是如何被洗劫的：“洗劫时总是伴随着放火，只是带有更具说服力的象征意义：曾经是壮观的、彻底的毁灭的力量几乎是带有魔力的，而且确实能够起到洁净的作用。在火焰中，起义的人们推翻了所有压迫和悲惨的象征——1788年8月焚烧哨卡；在攻占巴士底狱前火烧巴黎海关；烧毁在大恐怖时期的封建记录以及一

① Soboul, “Violences collectives et rapports sociaux”，第577页。

些城堡。”[①]

富隆所说的，就是简单的话，却导致了如此极端的惩罚，这确实是和当时的革命处境有关系。但在大众的观念里，这也反映了对作恶者的恶意的强调。他所做的，其实并非那么严重，即使他与巴黎的皇家官员有联系因而受到怀疑。但是，他的话（假定就是他说的）完完全全有可能是带有敌意和蔑视的表述。

民众起义的这种文化给大革命进程，尤其是在1792—1794年间的革命滑向恐怖，带来了怎样的影响？一旦人们放弃仅仅通过战争和地区性的武装抵抗的外部环境来解释恐怖这一尝试——有说服力地认为这些叙述完全是没有说服力的[②]——人们就会试图从意识形态的角度来解释这一现象，这些意识形态与那些影响了雅各宾派和罗伯斯庇尔派等更加激进的团体的理论是相联系的。这样的解释并非是无用的，但是直接的意识形态的阐述也显得过于简单了。

在这里没有提到的，是在整个事态发展过程中巴黎民众的巨大力量，即通常被称为是*无套裤汉*的。他们的确起到了杠杆的作用，因为他们的支持在好几个关键点上对大革命，甚至对其存活都起到了极大的作用，而且因为一直到热月政变，他们都可以决定性地干预派系之间的斗争。

我们可以用不同的方式来阐述这些关系中的第一层意思。我们可以说，那些无套裤汉“挽救”了大革命，因为在反革命势力威胁并行将

① 同上，第579页。索布尔同样提到，在正统的目标中是十分强调集体行为的，该行为被想当然地认为具有传统的道德性：“抢劫对无套裤汉的土地平均主义的回答是：个体的复苏因生存条件的不平衡而合法化，对抢劫的劝说或辩解只是针对食品店或必需品商店”（第578页）。此外，在报复行为中，从烧毁人像到极端的惩罚之间，均有一定的比例。

② 参见François Furet, *La Révolution française au débat* （Paris: Galimard, 1999）。

摧毁革命的关键时刻，民众的行为起到了决定性的作用。这当然是对1789年7月形势的一种合理解读，当国王把军队派到巴黎的时候，巴黎民众的起义迫使他命令军队撤退。

或者我们还可以从另一个角度来看这些势力的关系。因为对于革命的精英来说诉诸保皇主义者的武装力量是不可能的，但不论是在国内还是国外，他们会发现自己面对着他们无法镇压的民众运动。这是在1792年8月10日发生的事情，而且或多或少地一再以险恶的形式出现，一直到热月政变。的确，难以控制的民众起义是在雾月十八以后才得以平息的。在1792年9月的屠杀中，整个形势尤其具有戏剧性。共和国的中产阶级领袖们完全谈不上支持民众起义，不但如此，他们还充满了恐惧。但是，他们还是觉得无助，无法求助于保皇主义者的武装力量，这对他们来说是难以想象的，很可能是毁灭性的。

因此，他们被迫，不仅要使群众运动继续下去，而且他们要起到领导作用，将他们自己的计划付诸实践，使群众运动得到更好的控制，变得更温和一些（像他们所希望的那样）。这就包含了一些恐怖的因素，因此，恐怖是必要的。正如乔治·雅克·丹东在次年所说的：让我们从先人的过失中得到益处；让我们去完成立法议会未完成的事业；让我们实施恐怖，为了使人民可以不去实施恐怖。[①] 但如此动机并非真正要放纵人们难以处理的感情；它实际上是一个关于生存的问题。

由于对抗的动力，生存的定义变得越来越窄。开始的时候，大革命是否能生存是利害攸关的；后来，重要的是与大革命自行认同的一个党派的生存，而后是党派中小集团的生存，直至热月9日，在一个不那么具

① 引自Soboul, *La Révolution française*，第289页。Gueniffey向我们表述了巴黎民众的这种影响，是如何被马拉一伙人所煽动，他们被敌人和阴谋紧紧困扰，很早就开始改变制宪会议成员的自由信念。对于他们当中的一些人来说，似乎有必要假装至少正在做一些民众所要求做的事。必须去安抚“群情激昂”，为来自议会之外的愤怒，创造一个“固定的祸端”，“阻止感觉像野蛮人和原始人的暴力的放纵”（*La Politique*，第81—93页）。

有威胁性的军事处境下彻底垮台。当革命者们相互争斗时，人民成了仲裁者，这也是上文所提到的依存关系的第二种模式。

所有这一切都意味着，在一段时期内，巴黎普通民众的抱负和世界观对大革命时期政府的形式和措施都产生了重要的影响。社会的精英阶层从未失去控制。1536年的蒙斯特是独一无二的。我们甚至可以说，这整个时期的激进政治的神奇之处是，议会虽然被整肃并遭到威胁，但它理论上依然控制着整个局势，使得议会终止热月的整个时期。也许有人会说，其中的悖论在于，罗伯斯庇尔作为一个政治操控家，其天赋使议会的形式得以幸存。

但是一段时间过后，革命的精英们必须和民众的抱负和目标相一致，他们必须走得比他们所预期的要远得多。即使是罗伯斯庇尔的少数派，当被迫去采取一些反资本主义的经济控制手段时，他们显然是非常不情愿的。

这就意味着革命极端主义时期有着双重来源。一种来源当然是源自于卢梭的论述和理论的模式；但它也根源于民众反叛的心态。这两种世界观在许多方面都是并行不悖的。

对于代表性的怀疑是这其中的一个方面。很容易让“无套裤汉”们相信，人民主权论可以在直接的行动中找到一种范例式的表现形式，虽然即使在当时，先前的依然占有重要的分量。在民众起义的重要阶段，其领导和计划都必须是由精英们来决定的。热月政变后的1795年3月，是一个极大的例外，当时的人们，在包围了议会之后，竟然变得出奇地被动，似乎他们没有接到指令，就不知道下一步该怎么做。[①] 旧的模式依然起着作用，在这一模式中起义是为了引入权力采取一些必要的措施，而并非要取得控制地位。

再者，卢梭的道德主义和摩尼教主义的意识形态，触动着民众的心

① 参见Lucas，“The Crowd and Politics”，第259—285页。

弦。民众的不满可以变为反叛，这与相信任何不幸的背后都有恶毒的诱因是相吻合的。这种相信任何不幸背后皆有阴谋的趋向，普遍存在于民众文化和精英的意识形态里。的确，这里的交汇点本身就是相互影响的结果。群众的密谋和预谋在先，而后被像马拉这样的煽动者广为传播。这很可能也促成了革命意识形态的形成。

但是，最令人震惊的交汇点在于恐怖时期本身。这是直接针对不幸的行动者的暴力，他们被视为敌人，是应当受惩罚的叛徒。但是，随着时间的推移，罗伯斯庇尔给美德与洁净的论述越来越大的空间。恐怖时期的最后一个阶段，在热月政变的前几周，被清除共和国之恶的需求证明是有道理的，使得全民达到洁净的地步。

换言之，民众文化与精英意识形态都认同替罪羊的学说。恐怖时期是这两者的综合，是相互让步的结果，如果允许用这样的精神分析词汇来描述的话。双方都有份促成这样的综合。我们可以这么说，卢梭的德性政治有极端的潜能求助于暴力和洗罪，如果在精英阶层依然掌控的情况下，是决不会出现的，而是需要接受大众阶层的领导才得以实现。

与此同时，民众对惩罚和洗罪的冲动，本身就消除了其具有魔力的象征性的因素。它被“现代化”以及“理性化”了。这表示，首先，它有了一个理性的、道德的基础：根据德性与洗罪的理性理论，只有那些真正需要受死的人才能成为攻击目标。其次，惩罚本身是在理性的、“洁净”的形式下进行的，通过一个现代的、“科学的”手段——断头台来实现的，它代替了旧制度下血腥的象征手法。第三，这个仪式没有了庆祝和仇杀的结合，没有了狂欢节里笑声和凶杀的混乱场面，与传统的民众文化都是连成一体的。这里，一个是运用了理性的准则；一个是在适当的深思熟虑之后残忍地运用这些准则；以及一个是借助现代的、有效的机器以直接的、接近于医学临床的方式来处理死亡。

似乎替罪羊的制度经历了自身的祛魅的革新，与“理性年代”是相适应的。不足为奇的是，罗伯斯庇尔的理性话语越来越类似一种史无前例的疯狂形式。似乎“不受腐蚀者”于1794年夏天沦落到这样的地步。他被自己的理性所囚禁，沉溺于一种神话中，也许神话起初只是一种必要的合理化，但他采取了越来越无度的措施，希望一劳永逸地界定事物形而上学的基础，伴随着上帝的宗教节日，在满载着越来越多的受害者的押送车旁奔跑着。①

这样的情况显然无法持续下去，热月政变使其终止。但是，它留给了我们沉重的遗教，即民主革命与替罪羊的暴力之间的关联。这种关联在两个世纪内的新语境下再度出现。它总是自行摧毁，但似乎从未永远消失。这是现代性的最令人不安的特性之一。②

这样，18世纪的两个伟大革命，在新的和传统的社会想象的相互作用下，开创了人民主权论的时代，此二者有助于决定相互的革命进程。这种相互作用是极为复杂的、矛盾的，充满着新旧两种社会想象之间的不可预测的让步。

再者，法国大革命未能为它所提出的问题，提供解决的方案，即如何为人民主权论这一它所支持的新的合法性，提供一个稳定的组织建制的表述形式。这反过来就要求去发展出一个广泛的、共享的社会想象，使得这些制度都成为合理的。

不同革命派系之间的最激烈的斗争指向了这样的问题：什么是正

---

① 罗伯斯庇尔在当政的最后几个月过分的政治形而上学的野心，展示于他在1794年2月5日向国民公会所做的报告中；大革命的目的是征服邪恶、建立有德性的政权，为了能够“满足天性的愿望，达成人性的命运，遵守哲学的承诺，解除暴政和罪恶长期统治的天意”，通过“用共和国的所有美德和奇迹代替君主制度的所有罪恶和荒谬”（引自Gueniffey, *La Politique*, 第313页）。

② 大革命与暴力之间的整个关联是需要进一步研究的，最好是借助于勒内·吉拉尔的著作。我在2001年5月的傅勒纪念讲座中题为“La Terreur et l'imaginaire moderne”的演讲里，用较长的篇幅提到了法国革命的社会想象及其与恐怖时期的关系。但是这里所涉及的只是现代的、后革命的暴力的巨大问题的表面现象。

确的国家主权的组织建制的表述形式？这一问题界定了他们之间斗争的条件。各自均有自己认为合适的方式去实现这样的原则：要么通过共和政体，要么通过君主立宪制；或通过间接的代表性，或通过更加直接的人民和代表的关系；通过不同的利益阶层的代表性，或公意的整体表述。这些不同的制度与程序之间的悬而未决的问题，最终必须通过事物的临界点——政变来解决。这样，由人民选举的国民议会的成员最终在1793年被清除。这是在来自巴黎地区的激进主义者的威胁下，以人民的名义发生的。

这一斗争的条件，必须在这样的语境下来理解：其独特的、强烈的意识形态的本性；对正确的政府理论上的合理性证明和模式赋予极大的重要性；以及在那些日子里，外国侵略和本国反革命武装起义带来的紧急的、实际的危险，都似乎要成为他们必须面对的最主要任务。这种话语并非只是群体利益以及军事抵御这一残酷现实的一个掩盖，或是一个判断，这种判断在后来的“五人执政团时期”显得更加真实了。相反，所有话语是真实的，它的目标是证实一个属于自己的群体，正唯一合理地实现人民主权。这就意味着不管这一话语的内容有多欠缺，它一般都具有极度的真诚，甚至当我们正在面对雅各宾派的问题时，人民的真实代表性的标准，严重地取决于领袖们的德性，坚定地从整体的利益出发反对自私自利的、分裂的派系。尤其是在雅各宾派的例子中，这种“极度的真诚”表达，显得恰到好处。

正如傅勒所说的，革命危机中凶杀的狂热，不能被视为是为了国家生存或利益群体之间的真正战斗而导致的一种言辞泡沫。我们必须允许它的中心地位的存在，[①] 即使在意识到这种言辞之战，会被民众文化、它的强行要求以及期盼所建立的巨大武装阵营，弯曲成奇怪的、令人害怕的形式。

① Furet, *Penser la Révolution française.*

"结束大革命"的问题持续地把法国社会推向复辟时期，直至19世纪。[①] 大革命后期，要恢复某种稳定，只有通过某种普遍可以接受的、具有代表性的政府的形式。这意味着解决整个革命时期未解决的双重问题，即在政治精英阶层中对代议制机构所取得的共识，也能同时成为民众社会想象的一部分。

在复辟时期，极端的保皇主义者的反抗，再度使事态变得愈加复杂。社会阶层的加速分化以及劳动阶层的日益增长，使得精英的宪政主义和大众储备之间的鸿沟越来越难以弥合。相反，大革命得以生存，是因为一些激进主义者不仅把它看作是进入一个适当制度秩序的途径，也把革命本身看成是人民主权范例的重要时刻。就像一个革命场景，如罗伯特·图姆斯所称的，"革命的激情剧"，要形成激进的想象并且保留在民众的记忆里，等待着重新上演，为了最终实现1789年的承诺。[②] 在这些情况下，持续革命的幽灵最后是不会完全躺下休息的，不管多么经常地提到"革命需要结束"。

但是，像基佐，保皇主义者们，梯也尔和后来的甘贝塔所看到的，唯一的办法是对被普遍认为是恰当地实现合法性新原则的形式进行演变。基佐和保皇主义者们认为，这就需要促成一种新的、被广泛认同的社会想象，但是他们自己的精英阶层的代议制机构，带着狭隘的选举权，是不可能使这种社会想象得以具体化的，这在1830年之后渐渐变得清晰起来。[③]

随着时间的推移，法兰西共和国找到了这样的形式，但是只有在它转向了成年男子选举之后。甘贝塔认为，在有序的代议制机构里，唯一

① Pierre Rosanvallon, *Le Moment Guizot*（Paris: Gallimard, 1985），第16—17，285页。

② Robert Tombs, *France:1814—1914*（London: Longman, 1996），第20—26页。

③ Rosanvallon, *Le Moment Guizot*, 80, 第九章。

可以让人们发展起新的社会想象的办法，就是参与他们的选举。[①]

但是，在法国确立的形式，竟然十分有趣地与英美的模式迥异。霍桑瓦隆探索了在法国获得普选的独特道路，并使人们看到在共和的传统中不同社会想象的模式。[②]

① “我这番话是为那些保守党中，对稳定、平等以及在公共生活中被坚定地实践的节制有所担心的人说的。我对他们，对那些人说：当全民选举被提出时，如果人们让它自由地发挥作用，如果人们遵守它，你们怎么会看不到它的独立性和它的结果的权威性？我说，你们怎么从中看不出一种和平地结束争端、解除一切危机的方法？如果全民选举可以在统治权范围内完全发挥作用，就不再可能有革命，因为当法国发声时，不再会有人意图革命，也不再害怕会发生政变。”1877年10月9日甘贝塔的演讲，引自Rosanvallon, *Le Moment Guizot*, 第364—365页。

② Pierre Rosanvallon, *Le Sacre du Citoyen*（Paris: Gallimard, 1992）.

第九章

一个全方位的秩序

这一在经济和公共领域之后的第三个巨大转变，包含了“把人民发明成为”一个新的集体动因。[①]这些巨变所产生的形式，可以让我们意识到，我们对当代自由民主国家里的道德秩序的理解是直线型的。我们是通过这些形式来阐述我们想象社会生活的方式。我们所生活的社会不仅只有政治组织秩序；我们同样也属于公民社会。我们和一种经济相联系，能够寻找到通往公共领域的途径，可以在一个由独立社团而组成的世界里行动。

在18世纪末之前主要的西方社会里，这些形式已经牢牢地构建在其社会想象中了。但是，即使是当时那些最先进的社会依然与我们今天有极大的距离；依然要经过一个漫长的征途。

表明这种距离的一种方式，就是去指出这些社会想象的模式依然是少数派——社会精英和激进团体——的所有物。当然，在英国和法国的大多数民众，此外在某种程度上，也包括美国的民众，至少依然是部分地沉浸在那些较老的形式中。随后来临的漫长征途，包括了对这些新形式的自我理解的自上而下和自内而外的传播。

① E. S. Morgan, *Inventing the People* (New York: Norton, 1988).

但是这种距离，也可以换一种说法。我们可以说，现代道德秩序在政治、经济和公共领域等社会生活方面重构了社会想象，但是社会想象中的其他方面却依然没有任何变化。家庭就是其中一个显著的例子，但也不能孤立地来看这个例子。我们现在所说的家庭，在当时常常植根于家族中。在家族里，没有血缘关系的，或者至少不是核心群体的成员，都与核心家庭居住在一起，工作在一起；他们包括仆人、学徒工、一个来学手艺的侄子，一些雇工等等。这些家族，是高度父权制的，在男性主人无可争议的权威领导下，在强烈的等级意识下接受管理。附庸的关系并未在此停止；佃户依然以某种形式依靠着地主而生活，而工匠们则依赖其顾客而生活；即使是家族的头领，也可以与有权势的教父处于一种依赖关系中。这些教父们位于等级制度的高处，使他们的养老经费、职务和生活都得以保证。事实上，这些教父们反过来要依靠在法院里、贵族中或政府衙门里更有权势的人物。

简而言之，在北大西洋的前现代社会里，贯穿着附庸、雇佣、奴役或(在家庭中的)父权制的依赖之链。这些关系链是彼此相联系的，以至于人们可以追溯其依赖关系，从最卑贱的乡下人，通过其家族头领，到家族头领耕种的那片地的地主，到乡绅为了其利益所依赖的保护者，最后到了最高处国王那里。所有这些关系链，以最可辩护的形式，旨在展示一种等级互补的原则；人们在不同社会阶层，为相互的福祉做出基本贡献，下级提供服务，而上级提供管理和保护。

由此看来，在君主政体的组织结构和不同的依赖群体之间，存在着一种持续性和同质性。这些群体相互交织在社会、家族、家庭以及其他的委托关系中。这是为何有可能在等级互补的基础上，父权成为一切依附形式的标准比喻。根据一个最被广泛接受的理由，皇家权力本身被看成是一种父权；它同样是一种自然的、独立于臣民意见之外的权力。这是罗伯特·菲尔默的理论根据。他是英国17世纪对皇室的绝对权力之最有影响力的阐述者，其主要著作为《父权制》。洛克在他的《政府论（上篇）》中嘲笑了这部著作。但是，对皇家权力的父权制的比喻直到18世纪都是相当广为流传的："对父母的顺服应该成为一切政府的基础"，正如艾迪生在《观察报》上所说的。[①]事实上，《独立宣言》产生之前，在殖民地的辩论中双方都采用了这样的比喻。对于保守党来说，那些想着要反叛的，就如同潜在的杀父母者一般；但对许多未来的反叛者来说，他们的行为是合理的，因为王国政府已经"通过一系列的虐待行为"，背叛了自己作为父母官的义务。

这一全方位的父权社会，不仅在等级制度方面与我们今天的社会不一样，它与其社会成员的联系也与我们的很不相同。漫长的依附之链的关键点在于它们是十分私人化的。我，一个农民，不只是和国王的其他臣民一样。我是一个特定的主人的仆人，这个主人和一个特定的地主有关系，他又和一个乡绅有关，以此类推。我和国王的主从关系是通过这些特定的、私人的关系来调解的。父权制比喻的权力，一部分是源自于这种对权力和依赖的全方位的私人化。在托克维尔看来，平等伴随着这些关系链的破碎和一种分裂。在这种分裂中，市民与权力的联系是无需中介的。[②]

这种前现代的分配方式，与18世纪晚期所涌现出的分配方式是不一样的，更像我们今天所知道的，因为社会想象通过一个类似的原则——等级互补的原则，使其所有的维度和层面变得有生命力，正如今天的社会想象，被现代道德秩序在各个层面和环境中完全地渗透。再者，这种统一性不仅仅是我们可以观察到的一个事实；它本身便是社会想象的一部分，即行动者他们本身知道这样的类比，这也是为何他们可

① 引自Gordon Wood, *The Radicalism of the American Revolution* （New York: Vintage, 1993），第43—44页。

② "贵族长期将锁链加诸市民身上，这可以追溯到国王的佃农时期；民主打破了锁链，将每一环都掰开了。" Alexis de Tocqueville, *La Démocratie en Amérique* （Paris: Garnier-Flammarion, 1981），2:126.

以诉诸父权以此来比喻国王的权威。今天同样是这样，我们觉得有必要去批评甚至是转变我们许多的非政治性的关系，那些不够“民主”或不够平均的关系。例如，我们会发现自己在反对独裁主义家庭的同时谈论民主。我们发现自己和我们前现代的祖先的做法是完全一致的，只是我们的生活是以一个相反的原则来统筹的。

但是，我一直在描述的现代社会想象所产生的形式，对我们来说似乎是奇怪的，甚至是可疑的，因为它们是在一些特定的重要层面上——政体、公共空间和经济——介绍一种新原则，却不去涉及社会的其他方面。那个时代的人，对我们来说，很容易被看成是前后不一致的，甚至是假冒伪善的。精英男士们谈到人权、平等以及共和，但对保留契约雇工，更不用说保留奴隶的做法，没有做出任何思考；在对待他们的妇女、儿童、家人方面，总体上是保留着父权传统。他们难道没有看见明显的自相矛盾吗？

对这一问题的回答是，这未必是一种自相矛盾。人们一旦接受社会想象在各个层面都应当被一个统一原则所驱动这一背景构想时，在管理上的差异问题，例如对政体和家庭的管理，就会突显。但是对于人们来说，很有可能会认为这种背景构想是超过合理范围而且是难以置信的，甚至不能被当作是一种可能性。例如，在我们刚刚谈论到的时代里，父权制深深地植根于家庭/家族中，以至于共和党要挑战君主统治和贵族阶层，就必须采取一种形式去否定对父权原则的通盘应用，而并非提出一种在所有的领域里都行之有效的相反的原则。洛克对菲尔默的著名回应是，要分清父权和政权，并阐明这两者是根据不同的原则来操作的。[①] 而这是革命者和改革者普遍采用的路线。几位勇敢和喜欢创新的人物，像玛丽·沃斯通克拉夫特，却反对大家在本质上都一致同意

① 参见，例如，洛克《政府论（二）》第六章第75段：“但是这两种权力，政权与父权，是完全分得清楚的；它们建立于不同的基础上，也被赋予不同的目的。”（*Locke's Two Treatises*，第332页。）

的这一路线。事实上，我们经历了漫长的时间，才根据批判的民主与平等的观点，在古老的家族框架之外看待家庭，尤其是现在的核心家庭里的夫妻关系。这好像就是发生在昨天的事情一样。跨越各个领域的统一，远远不是显然的、常识性的要求。[①]

但是，我们还是达成了那样的统一；漫长的征程最终把我们带到那里。但是，统一并非是由于自然的驱动力而达成一致性。它更多的是达成包容性的驱动力，要去包容那些原先在新的秩序里被边缘化了的社会阶层。这是漫长征程的最后一步：一方面，把新的社会想象延伸到原本就能接受它的精英阶层之外的、之下的阶层；另一方面，把这一新想象的原则延伸到社会生活的其他层面和领域。我们可以马上发现，没有第二个方面，第一个方面是无法做到的；仆人和随从是无法了解在那些组成社会的自由人中给他们一席之地的想象的，除非将他们与上级紧密联系的从属社会模式能够得以转变。这就必须与这些旧模式断开，这样平等才能代替等级，与此同时，在旧的依赖体系中私人化的、特殊的关系，应该要被平等身份之普遍的、非私人化的认识所替代，并使原有的模式消亡。

这种转变在大多数北大西洋的社会里发生，但通过了不同的路径，而且结果是很不一样的。最引人注目的例子要算美国了。在某种程度上，那应该算是独立革命中的革命，或者也许更确切的说法，应该是独立革命的后期。[②] 人们可以把它看作是一个过程，在这一过程中，独立从与外在的君主权威有关的共和社会所需要实现的一个价值，发展成每个人需要去追求的，也是所有人可以平等享有的身份。

---

① 的确，在我们当代的“先进的”西方自由社会里，在人群中总是有着一些重要的少数派群体依然把他们的家庭或宗教生活的运作模式看成是有别于更广大的政治与经济体系的模式。比如，在新近的移民群体中，就是这样。

② 这里我是引用了Wood, *The Radicalism of the American Revolution*以及Joyce Appleby, *Inheriting the Revolution*（Cambridge, MA: Harvard University Press, 2000）中的观点；同时参见Bailyn, *The Ideological Origins of the American Revolution*。

革命是由绅士们领导的，他们中的许多人是最近才被提升到这一身份的，[①] 但不管怎样，依然是绅士。在他们所操纵的世界里，领导和被选出的代表自然都是属于上等的人群；事实上，被人质疑的一些职位（代表，法官等等）的威望，是和这些职位的所有者之社会显赫地位密切相关的。再者，这些革命领袖赞同了18世纪共和党人的世界观潮流，认为领袖们应该体现出孟德斯鸠思想中的"美德"，要致力于公众福祉，要"无私"，而这在某种程度上，被生计所困扰的普通民众是办不到的。甚至从事贸易会使人们对这一情况产生怀疑。[②]

美国政府将继续被这样的一群共和精英来领导，这是领导独立革命和起草宪法的那一代人的梦想。当然，这一梦想假定了不同形式的非政治性的从属关系、主仆关系、顺从的儿子、尊敬有礼依然会持续下去。但是，事实并非如此。新的革命在一定程度上是一个政治事件。社会各阶层的人们涌入政治阶层中，有的显然缺乏教养，正如杰弗逊派的共和党人成功地挑战了联邦政府同盟的精英们。但是，新形势下的个人独立，某种程度上也是社会变革的。随着经济的快速增长，国内市场得以拓宽，生产规模得以扩大，最重要的是边界得以开放。独立对于大量青年男子也包括女子来说成为现实，这些人可以并确实能自立谋生，离开自己的家庭，通常是与他们所生活的社群以及传统的依附纽带脱钩。

倾向于唯物主义的解释，可能会让我们以经济和人口的变化来解释这种个人独立和平等的新文化。但是，如此论述的不足之处明显在于这一事实，例如，在开放边界的问题上，在往北只有几英里的加拿大，其文化结果却和美国的大不相同。[③]

另一个寻常的错误，即对一种减法理论的偏爱，会让我们认为这只是一种消极的变化，包括旧的纽带、顺从关系和团结一致的瓦解。但

① Wood, *Radicalism*, 第197页。

② 同上，第95—109页。

③ 同上，第311页。

是，这次独立并非只是与旧的道德纽带脱钩；它带着自己的道德理想，正如托克维尔指出的，它是和现代社会中的个人主义相联系的。[①] 再者，新的理想伴随着与社会的一种新联系。正如阿普尔比所描述的那样，这种新的理想，提倡“人要发展其内在的资源，行事独立，过着有道德的生活，行动与个人的目标相一致”。[②] 这是一个懂得勤奋、百折不挠和自力更生的人。

这一道德理想的本质，在一定程度上，可以用其经常与新敬虔的结合来衡量。19世纪早期是第二次大觉醒的时期，在整个共和国及至其最边远的疆界，巡回的布道家们都在从事着奋兴布道会的活动。新的宗教热情，最经常是来自古老的宗派之外的，在急速发展的卫理公会和浸信会的教派中，这本身就是一种独立理想的反映。人们纷纷脱离古老的教派，在日益繁多的宗派教会中选择自己的宗派形式。[③] 与此同时，在对上帝虔诚的个人关系中，他们寻求可以经历这种新独立的力量，能去击败惧怕与失望的魔鬼，抵制闲懒和醉酒的诱惑（最后这一点在美国曾是非常有效的，因为美国曾经每人消费的酒量是今天的四倍）。[④] 这是我们今天已经熟悉的模式，在全球的许多地方——拉丁美洲、非洲、亚洲、前共产主义国家，福音派的新教教义在急速地传播，更不用说在美国，新教在持续地复兴。[⑤] 这并不是说新的个人独立在本质上是和宗教信仰紧密相联的。相反，它通过各种形式表现出来，包括十分世俗的形式，虽然奋兴主义是极其广泛的，触及这一时期世界四分

---

① Tocqueville, *La Démocratie en Amérique*, 卷二，第二部分，第二章，第125页。

② Appleby, *Inheriting*, 第11页。

③ 同上，第201页。

④ 同上，第206、215页。

⑤ 参见David Martin, *Tongues of Fire* （Oxford: Blackwell, 1990）。这不仅仅是一个在基督教福音派中的现象。例如，人们可以这么说，伊斯兰国家的皈依对于许多美国黑人来说是获得同样权力的时机。

之一的人口。[①] 但是，这种独立能够与如此热情的信仰共生，证明了这一理想的道德本性。

但是，个人独立并不仅仅是个人生活的一种道德理想；它也将行动者与社会相联系。重新提及社会一部分在于那些自律的、诚实的、具有想象力的、具有企业家精神的人们被看成是新社会的栋梁这一事实，这样的社会是既有秩序的又是进步的。他们是社会的主要资助者，同时为社会的道德定调，为社会提供经济进步所带来的巨大利益。当然，这意味着商企不分，但有助于全社会的利益，可以成为一个有活力的、自律的和自力更生的民族之团结的基础。正是在这种追求进步的驱动下，美国成为一个伟大的、自由的与平等的国家。个人独立成为美国爱国主义新模式的一部分，直到今天依然是活泼的、强有力的。

这代表了远离一代革命人之理想的盛大文化革命。远离了贸易是不可信的时代，正是因为它缺乏无私利性，新型的带有巨大利益的经济活动被视为是一种新伦理的基石。这场革命带有传统的共和理想——自由与平等，并使之在新形势下呈现出来。自由不再仅仅属于具有主权的人民，而是指个人的独立。再者，这种自由，广义上来说，是平等的必要基础，因为它否定了等级制度的独立的古老形式。在旧的观念看来是自私、私有利益和腐败的源头的，如今是一个自由与平等社会的驱动力。

这样，企业家被看成是一个施惠者。这些个人的故事，他们的出身从贫民到富人，被一再转述，给人树立榜样和给予鼓励。事实上，那些最受尊重和钦佩的人，是那些既创造了新财富，又能为大众的福祉做贡献、起带头作用的人。成功的商人成为施惠者的这种范式，从那时起，就在美国一直风行。[②]

于是，独立就成了社会的而不仅是个人的理想。它被视为是对国家

---

① Appleby, *Inheriting*, 第145页。

② 同上，第123—124，257—258页。

的福祉与强大的贡献，因而是令人钦佩和称道的。同样地，成功的、具有企业家精神的个人自然而然地觉得自己是社会的一部分。他们寻求社会的钦佩、赞美和认可；他们角逐显赫的职务，经常起到领袖的作用。

的确，这场个人独立的革命，提高了人们对大社会的归属感。它使人们从狭隘的群体中分离出来，但并没有把人们置于一种专顾自身利益的孤立之中。相反，它让人们对一个平等的非私人化的社会有一种更加强烈的归属感。这一点也体现在其他方面——报纸和杂志的显著发展以及它们在整个共和国的发行量的增长。[①] 一个充满着私人关系的等级社会完全过渡到一个非私人化的平等社会。

这种社会是基于理论上的平等。还有许多人并没有获得这样的平等，不仅在新原则尚未涉及的一些领域，就像家庭和奴隶种植园这两个领域。而且，在新社会里的整个自我庆贺的氛围中，对失败者有一种无视，像无视那些无法脱贫致富的人，甚至更看不到在不断扩大的工厂里又出现了新的压迫依附关系；工厂招收了大量的边缘群体，尤其是来自爱尔兰的新移民。美国发展的主要问题是，这些不能成为企业这一快乐家庭成员的人，找不到或无法建立起一个文化空间，团结在共和国的更替性的前景周围。美国从来没有，也许除了在德布兹时期的极短时间里，出现过社会主义的反对派。

在我一直谈论着完成漫长征程的美国道路的同时，也完全意识到还有其他国家的路线，它们在征途中途经不同的地方，最后到达了很不相同的地方。社会想象的概念也许可以让我们来认真处理在类似的北大西洋自由民主中国家之间的区别。一方面，它们由不同的方式产生，以这些方式现代想象的原始的、开创性的模式——经济、公共领域和自治的政体——最终改变了对社会生活中的其他层面和领域的认识。美国和许多欧洲社会的最重要区别之一在于，在欧洲大陆，向下或对外

① Appleby, *Inheriting*, 第99—103页。

传播新政治想象，一定程度上是通过把从属群体的，尤其是把工人的阶级想象具体化来实现的。这意味着，不仅仅是像技工这样一群人的共同利益，在共和国的初期就得到体现。英国工人运动的阶级想象，或法国、德国商会的想象已经超出了一些特定的独立个人对利益的共享这层意思；它更接近于共同身份的意思，共同身份在地方群体中（例如，在英国的采矿村）是共享的，或是那些与一个特定的群体有着共同命运的那些人的共同意愿，例如，被剥削的工人。在一定程度上，它是属于受卢梭的现代道德秩序理论所塑造的一种政治文化，这并不存在于美国的发展轨迹中。

这在另一方面预示了不同国家的民主文化是互不相同的。从远古就开始形成的历史轨迹，依然影响着今天的认识。如果我们重新提及美国和法国的政治文化的不同，我们就可以明白这一点。我在前面提到人民主权的新想象是如何继承了来自古老宪法的传统政治文化的一些模式，特别是代表性的模式。但是，新想象不仅仅取代旧的模式。它重释了旧传统的主要价值观，但保留了旧传统的起源，这正是因为新想象并非是与旧传统割裂，而是对它的重释。因此，美国人继续把他们自己看成是在持续古老的自由传统，甚至当他们宣布独立以及经历19世纪早期的文化革命时。他们甚至在21世纪依然不断地引用《自由大宪章》。同样地，法兰西共和国人民一直在庆祝7月14日攻占巴士底狱，即使他们早就进入了代表制政府的自由模式。在每个例子中，历史都反映在当今的政治文化中，包括在国家历史中可敬的那部分以及那些被弃绝的部分。

即使是在西方世界，不同的国家历史的媒介，也折射出相应不同的现代社会想象。这就告诫我们，当这些想象被强加于其他文明之上或被其他文明所采纳时，不要去期望它们是简单地重复着西方的模式。

第十章

直接进入的社会

我一直在用道德秩序的重要概念来描述我们的现代社会想象，这一概念在我们有特色的社会实践中已经保留下来，并且形成了17世纪自然法理论的显著特征，在这形成的过程中，它又发生了改变。但是显然，秩序这一重要概念中的转变已经带来了一系列的其他变化。

我已经提到，现代社会的模式单独存在于世俗时间，缺乏超验行为的基础。现代社会想象不再把更大的跨区域实体视为不同于或更高于世俗时间里的共同行为。这在前现代社会里，情形却是不同的，正如我在上文所论述的。王国的等级秩序被视为是以存在巨链为基础的。部落单位被看成是根据巨链的法律而组成的，而法律可以追溯到远古时代，或者也许是到伊利亚德所说的在“原初时间”中起作用的某个创建时刻。回顾前现代革命，一直到包括英国内战在内，建立原始法律的重要意义，在于政治实体是超验行为的这一认识。政治实体不能简单地靠自己的行为去建立；相反，它可以像一个实体那样去行动，因为它已经被构建成实体。这使想要回归最初宪法的想法变得具有合理性。

17世纪的社会契约理论，是把一个民族看成由于一个自然状态而走到一起，这显然属于另一种思想秩序。然而，如果我上文的观点是正确的话，直到18世纪晚期，这种思考问题的新思路才进入社会想象中。

美国革命在某种程度上是一个分水岭。它是在保守的风气下进行的，即殖民者为他们作为英国人既得的利益斗争。再者，他们在与国会相联系的殖民地的立法机构下斗争。但是在整个过程中出现了“我们，人民”的重要说法。新宪法就是由人民宣布的。

这样就出现一种思想，即一个民族，或者在那时也叫作一个“国家”，可以在政治宪法诞生之前独立存在着。因此，这一民族可以在世俗时间里，以自己自由的行为，为自己设立宪法。当然，创纪元的行为很快就被赋予源自更古老的更高时间这一概念的形象。时代的新秩序，正如法国新革命的日历一样，大量引用犹太—基督教的启示论。宪法的基础被赋予了原初时间的动力，那是一种更高时间，充斥着一种高级的行动者，是我们应该不断试图去接近的。但是，一种新思路是广泛传播的。国家、民族具有独有的特性，可以远离先前的政治管理而统一行动。现代的民族主义的先决条件之一已经就绪，因为如果没有这一条件，对于国家民主自治的要求就没有任何意义。这是人民建立自己的宪法的权利，并不受历史上政治组织的限制。

为了要弄明白这一集体动因的新概念——“国家”、“民族”如何明确地表达成对时间的新认识，我要回到本尼迪克特·安德森的十分有洞察力的讨论中来。安德森强调，对国家的新的归属感，是依靠在同时性的范畴内去理解社会的一种新方式：社会作为一个整体，在同一时间里有许许多多的事件发生，体现了其社会成员在这一时段的生活。[①]这些事件是同质时间的填充器。这种对于同时性清晰的、无模棱两可的理解，是从绝对世俗化的角度来理解时间的。只要世俗时间是与不同的更高时间交织着，就不能保证所有的事件能够处于同时性和连续性的不含糊的关系中。宗教节庆时刻在一方面是与我的生活以及我朝圣的同伴的生活同时发生的，但在另一方面，它与永恒、原初时刻或它所

① Anderson, *Imagined Communities*, 第37页。

预示的事件是紧密相连的。

一种对时间完全世俗化的理解，可以让我们去横向地想象社会，无需和任何“高点”联系，在这些“高点”处普通的事件顺序和更高时间联系在一起。这样，就不需要去认可任何享有特权的人或行动者，例如国王或牧师，他们站在所谓的“高点”并居中调解。这种激进的横向性理解恰恰隐含在直接进入的社会中，每个社会成员“可以直接与全社会接触”。安德森无疑是正确的，他认为如果没有社会的发展，诸如印刷资本主义的发展，是不会有这种认识的兴起的，但是，他不想说这些发展足以解释社会想象的更新变化。现代社会也要求改变我们自己看社会的方式。其中重要的一点，就是能以离心的观点来理解社会，即不是属于任何个人的观点。也就是说，追求比我自己的更加真实、更具有权威的观点的做法，并不会导致我认为社会的中心就是国王、神圣的组织或其他的什么，却使得我有一个横向的、水平的认识，这是一个自发的观察者可能有的认识：社会应该是在没有特权节点的场景中布局的。现代社会之间有着密切的内部关系，包括它们的自我认识，以及“世界图像时代”①里代表的现代社会纵观全局的模式：社会是同时发生的事件，社交是非私人化的体系，社会领域就是它所标示的，历史文化就是博物馆里所展出的，等等。

过去的社会存在着某种垂直性，依赖于更高时间的基础，这在现代社会里已经不复存在。从另一角度来看，那也是一个需要有媒介才能进入的社会。在旧体制的王国，像法国，臣民们团结在一个有最高领导的秩序里，这个最高领导就是国王本身。通过国王，这一秩序与更高时间以及其他事物的秩序相联系。通过我们和国王的联系，我们是这个秩序里的成员。我们在前面的章节里提到，早期的等级社会趋于把权力和从属的关系个人化。

① Martin Heidegger, “Die Zeit des Weltbildes”, *Holzwege* (Frankfurt: Niemeyer, 1972).

现代横向社会的原则是绝然不同的。我们每个人与社会中心都是等距离的；我们与社会整体是无需中介的。这就描述了我们可以称之为一个可直接进入的社会。我们从一个带有个人化纽带的等级秩序转向一个非个人的平等社会；从一个垂直的需要通过中介才能进入的社会转向一个直接进入的社会。

在早期的模式里，等级制和间接性是连在一起的。一个阶层社会——用托克维尔的话说，是“秩序的社会”——像在17世纪的法国，等级制的存在是很显然的。但是，这也说明一个人是通过从属于这个社会的一部分来从属于社会的。作为一个农民，他是和地主相联系的，而地主依序推算是和国王联系在一起的。一个地方政府的成员，在王国里占有一席之地，或者在当时的最高法院里以合理的身份行使职权，如此等等。相形之下，现代的公民概念是直接的。不管我以多少方式通过中间机构和社会的其他部分取得联系，我的公民身份和这些机构是分开的。我从属于国家的基本方式并不依靠其他的从属关系，也不是由它们来居中调解的。我和其他的公民一样，与国家有着直接的关系，而国家是我们共同效忠的对象。

当然，这未必改变了一些办事的程序。我认识某人，她的姐夫是一名法官或议会成员，所以当我左右为难的时候，就给她打电话。我们也许可以说，已经改变的，是对规范的认识。但它的基础是，人们想象归属的方式改变了，没有这样的基础，新规范是不会在我们当中存在的。在17世纪的法国以及之前，有一些人对直接进入的概念是陌生的，认为是不可能理解的。当时受过教育的人有古代共和政体的模式。但对于其他许多人来说，他们唯一可以理解的与大社会，像一个王国或普世教会，相联系的方式，是通过更直接的、更能理解的重叠的从属关系，像与教区或贵族的关系，通过他们与更大的实体联系在一起。现代性在我们的社会想象中兴起了一场革命，当然还有其他的许多事情。这场革命把各种通过媒介联系的形式降到了最低限度，并且传播了直接进入的形象。

这是源自于我所描述的社会模式的兴起：公共空间，人们可以把自己看成是可以直接参与到全国范围的（有时甚至是国际的）谈论；市场经济，所有经济行动者都被看成是在平等的基础上与其他人建立合约关系；当然，还有现代的公民社会。但是我们还可以想到其他的方式，用这些方式无中介性控制了我们的想象。例如，在时装的领域中，我们设计了新的款式并使其流行下去；我们也把自己看成是一些明星的世界范围的观众。虽然这些领域有着自身的等级差别——聚焦于类似传奇性的人物，但是他们还是给所有的参与者提供一个无需通过他们所效忠或依托的任何对象作为中介就可以直接接触的空间。同类的东西，伴随着更具有实质性的参与模式，在各类社会、政治和宗教运动中，也是可得的；这些运动是现代生活的一个主要特征，把跨地域和国际间的人们连接到一个单一的集体中介之中。

这些想象中的直接进入的模式与现代的平等和个人主义是互相联系的，实际上是它们的不同方面而已。进入社会的直接性废除了多种多样的等级依托关系。它使我们统一，这是成为平等的一种方式。（是否是唯一的方式，是我们今天围绕多种文化主义进行斗争的一个致命问题。）与此同时，多种中介的驱逐，降低了它们在我们生活中的重要性，个人逐渐摆脱了它们，成为自我意识不断提高的个体。现代的个人主义，作为一个道德理念，并不意味着中断人们的归属感，如果是中断，则是混乱和崩溃的个人主义，而是把自己想象成属于更广大的、更加没有个人色彩的实体：国家、运动、人类的社群。这样的变化，已经从另一个角度得以阐明，它是从“网状的”或“关联的”身份转向“范畴的”身份。[①]

---

① 我是借用Craig Calhoun的术语；例如，参见“Nationalism and Ethnicity”，收录于*American Review of Sociology*, no. 9 （1993）：第230页。这一部分的讨论得益于Calhoun的近作。

我们可以马上看到，从一个重要的意义上来说，现代的直接进入的社会比前现代的社会来得更加同质。但是，这并不意味着在不同的社会阶层里，在文化和生活方式上的实际差别，要比几个世纪前的来得小，虽然这是毫无疑问的事实。不同阶级的社会想象也更近地集合在一起。等级制的、需要中介的社会的一个特征是，在一个社群、一个村庄或一个教区的人们，对于社会的其他部分只有一个非常模糊的概念。他们对中央权力有一点概念，夹杂着一个好国王以及坏大臣们的概念，但是他们不知道如何去填实其他方面。尤其是他们对王国里的其他人和其他地区都只有十分模糊的认识。实际上，政治精英阶层的社会想象和理论与没有受过教育的或农村人的，存在着很大的差距。在许多国家里，这种状态一直持续到相当近的年代。在这方面有清楚史料记载的是在几乎整个19世纪的法国，尽管共和国的领袖们自信地认为那是一个"统一不可分割"的国家。[①] 这种分离的意识与直接进入的社会的存在是很不相融的。第三共和国最终带来了必要的变化，被大革命理论化了的现代法国第一次成为真正的、包容一切的国家。在社会想象里的这种（多方面的）革命变化，是韦伯在他的《农民变成法国人》中所叙述的。

① 这一观点在Weber, *Peasants into Frenchmen*（London: Chatto, 1979）一书中是有所追溯的。

第十一章

动因与客观化

试想我们是在横向的、世俗的世界里属于新种类的集体动因，它们是以世俗时间里的共同行为作为基础的。但问题的另一个方面包括了需要把社会理解成是客观的，像一系列的程序那样，是与动因的任何观点均无关。我在第五章里提到了社会现代意识的双重焦点。在此我要继续展开讨论。

只要社会被看成是在其本质上只是顺从于国王或被它的古老法律所统治，我们就很难用其他的概念或从其他的角度来想象，因为在每一种情况下这使得我们的社会与更高时间的基础相联系。要把社会看成一个体系、一系列相联系的程序，一定程度上独立于政治、立法或宗教秩序来运行，就要求我们完全转向世俗的时间。这就要求我们把社会看成是一个整体，是独立于把它的一贯连续性看成是政治实体的规范秩序。只要深植于更高时间的规范秩序依然被看成是可以用来界定政体的，这几乎就是不可能的。

对社会第一个独立的看法是把社会看成是经济，也就是它不再是王国里的统治者经营的特殊领地，被理解为是延伸的家庭，而是一种遵守其自身法律的相互联系的交易系统。这些法律，适用于人类的一系列行为，当他们在动因背后连结在一起时；它们成为无形之手。我们正处于集体动因相对立的正反两面。

因此，世俗时间里的新的横向世界允许我们以两个相反的方式来想象社会。一方面，我们能够去想象一个新的、自由的、横向的集体动因模式，从而让我们进入并去创造这样的动因，因为它们已经在我们的库存里。另一方面，我们能够把社会客观化成独立规范程序的体系，在某种意义上与本质上的那些程序是相似的。一方面，社会是公共动因的领域，另一方面，它是被标示的、概括性地代表的、分析的领域，也许准备依靠有见识的管理者从外部来起作用。

我们已经习惯了经历着具有张力的这两个观点；我们经常害怕第一个观点会被第二个观点压制或者吞并，随着我们的社会越来越官僚化地运行着，可能会变成被它自己不带个人色彩的法律所支配着。但是，这两个立场是不能互相分开的。它们是同时代的；它们共同属于源自于现代道德秩序的同一范围内的想象。

在此关键的理念是，政治是被超政治的、被生活中有自己的目的和整合性的领域所制约。这些领域包括经济，但并没有完全被其覆盖。这样的理念被置于现代社会想象中，使得我们可以以超政治的形式来看社会，不仅仅是通过被称之为政治经济学这样的科学来看社会，同时也通过我们现在所说的社会学的不同层面来看社会。从现代意识上来说，社会的真正意义，在于向我们指明了可以用不同的方式来了解和研究的实体，其中政治只是一种方式，而且未必是最基本的方式。

这样，我们的现代想象不仅包括可以促成共同行为的范畴，也包括在行动者背后发生的或能起到作用的过程及其分类的范畴。我们每个人会被置于与民族性、语言、收入水平或社会福利系统里的权利等等有关的人口普查的范畴里，不管我们是否意识到所处的位置或随后所产生的结果。然而，不管是积极的还是客观的范畴，对于我所描述的社会想象，都是基本的，也就是，社会整体的想象通过使他们有意义来使我们的实践成为可能。

积极的范畴如何做到这一点是很清楚的：我们只有把自己理解为是集体的动因，我们才能有这样的行为。但是，客观范畴却是以另一方式来达到这一点的。把我的社会理解成一种经济，恰恰就是没有把它理解成一种集体行为，但只是因为我以这样的方式来理解这一体系，我才以我的方式来参与市场交易。这个体系提供了我的行为所需要的环境，从而产生我所期待的结果，我可能要一再让自己确信，这一体系依然是像我所期待的那样有效（例如，它不会导致萧条或恶意通货膨胀）。

在我们的生活中，积极的与客观的范畴起到了相辅相成的作用。如果要放弃后者，几乎就是不可思议的。至于对称的假设——我们只需要对社会进行客观的想象，而我们对动因的认识完全是要建立在个人的基础上——这与18世纪的一种乌托邦（或敌托邦）是相对应的，是一种启蒙的专制主义。唯一可以影响社会全局的动因便是统治者，尽管人民是由最佳的科学理解来指导的。

任何社会的政治发展，只有在短时期内，在那些“启蒙的”领袖带领下才能近乎做到这样，这些人像神圣罗马帝国的皇帝弗雷德里克二世、约瑟夫二世、叶卡捷琳娜二世以及庞巴尔侯爵。我们的历史朝着另一方向迈进，似乎不是偶然的。在某种意义上，它这么做很显然是通过公共领域的发展。

在此，我们可以看到运作中的互补性。在一定程度上，对公共领域的谈论有赖于并且存在于从经济、政治和司法的角度，来发展对社会的有洞察力的、客观的理解。公共舆论从一个角度来看，是完美理性的，是心平气和与理性讨论的产物。但从另外一个角度来看，公共领域不可避免地被看成是一种共同行为。讨论是有结果的：它具体转化为公众舆论，一种共识或集体的判断。更重要的是，这样的舆论慢慢地却不可阻挡地成为合法的准则。

在法国旧制度的最后二十年里，没有什么比这股新力量的出现来得更惊人。在1770年之前，开明的舆论被皇室政府视为潜在的妨碍或危险，当局便通过审查制度来试图控制舆论的传播。随着这一方法变得越来越无效，又尝试了通过一些友好的作家“有影响力”的介入，来掌控公众讨论。到了大革命的前夕，公众舆论已经被视为一股势不可挡的力量，例如，强迫国王召回已经被他罢免的财政部长内克尔，使他重新上任。

许多事奠定了这一发展的基础，包括政府无法控制的飙升的债务将由债权人来支配分担。但是，转折点的基本条件是对公众舆论之共同认识的提升，也为公众舆论的真正存在提供了基础。社会想象的变化把一股新的政治力量推上舞台。

在当代人普遍的印象中，公众舆论被描绘成一种公断，一种当局必须听取的最高法院的裁决。这是马雷戴尔伯法庭所称道的：“独立于所有的权力、被所有的权力所尊重的……是共和国的法庭……是世上所有法官的至高无上法官。”[①]正如雅克·内克尔在大革命后所说的：“二百年前未曾存在的权威已经兴起，其中必须值得注意的，是公众舆论的权威。”[②]

这样，现代社会想象既是积极的，又是冷静思考的。它拓展了集体行为以及客观分析的空间。但是，它也存在于一系列的中介形式中。上文提到了社会想象中典型的现代的横向形式，即人们把自己和其他许多人看成是在我所说的经济、公共领域和主权人民领域里同时存在和行动的人，而且在时尚领域里也是这样。这是同时性的第四个结构的一个例子。它与公共领域和主权人民是不一样的，因为这些是共同行为的场所。在这方面，它像经济一样，一连串的个体行为在我们的身后相互

① 引自Keith Baker, *Inventing the French Revolution*（Cambridge, England: Cambridge University Press, 1990），第189页。

② 引自Stephen Holmes, *Benjamin Constant and the Making of Modern Liberalism*（New Haven: Yale University Press, 1985），第243页。

联系。但它又有所不同，因为我们的行为是以独特的方式与时尚空间联系在一起的。我戴着自己的那种帽子，但是我这样做，是向所有的人展示我自己的时尚，我是在回应你的自我展示，甚至就像你是在回应我的自我展示一样。在时尚空间里我们共同维持一种符号与意义的语言，它在不断地变化着，但也是在任何时候赋予我们的手势以原本含义所必需的背景。如果我的帽子能够表达我特殊的自信但又不夸张的自我展示，那是因为时尚的共同语言已经发展到这个程度。我的手势可以改变这种语言，而你相对应的文体变化可以从该语言所呈现的新范围中找到意义。

从时尚空间里的这个例子中，我所要得出的普遍结构是一种横向的、共时的、相互存在的结构，它不是共同行为的结构，而是一种相互展示的结构。这是关键的，当我们每个人在行动时，其他人也在那里，他们是我们行为的见证者，因而成为我们行为意义的共同决定者。

这种空间在我们现代城市社会里越来越重要，大多数人擦肩而过，互不相识，彼此不接触，却相互影响着，形成了彼此生活中不可缺少的语境。与每天赶地铁去上班相对照，在这种方式里其他人可以成为我的障碍物，城市生活也发展出了可以共同生活的其他方式，例如，我们星期天可以到公园散步，或者去参加夏日里的街市欢庆活动，或到体育馆观看决赛。在这里，每个人或小群体单独行动，但是他们意识到他们的展示对别人也有存在的意义，会得到回应的，会帮着去建立一个共同的心情或气氛，从而给每个人的行为增添色彩。

城市里的许多单子盘旋在唯我论和互相交流的边界。我大声说话以及夸张的手势显然只是针对我的亲密伴侣；我和家人正在安静地散步，参加星期天的户外活动；但与此同时，我们都意识到我们正在建立一个共同空间，在其中，相互交错的信息变得有意义。孤独和交流之间这一奇怪的区域出现在19世纪，使得许多早期的观察者对这一现象着迷。我们可以想到马内的油画以及波德莱尔对城市风景狂热兴趣的油画，通过闲荡者和花花公子的角色，综合了观察和展示。

当然，这些19世纪的城市空间只是地区性的；即所有的参与者都在同一个地方，在彼此可见之处。但是20世纪的交流却产生元议题性的转化，例如，当我们在美国有线电视新闻网镜头前向士兵们扔石头，我们知道这一行为会在世界上引起反响。所有与我们一起观看的观众都会影响到我们参与这一事件的意义。

正是由于这些空间盘旋于独处与群居之间，它们有时候会变成共同行为；事实上，当这种情况发生时，这一时刻是难以确定的。当我们站起来去为第三阶段的重要目标欢呼时，我们无疑成为一个共同行动者，我们还可试图把这一角色延续，当我们离开体育馆，游行着、唱着，甚至一起制造各种形式的破坏。在摇滚节庆日里，欢呼的人群也是同样地混合在一起。在这些时刻，回想起从前狂欢节或早期大型集体礼仪的极度兴奋。这样的时刻，在我们世界的一些宗教新模式里，同样可以看到。[①] 涂尔干认为，这些集体欢腾的时刻是非常重要的，是社会和神圣事业的奠基时刻。[②] 不管怎样，这些时刻似乎回应了今天“孤独的人群”的重要的迫切的需要。

某些这样的时刻，实际上和几个世纪前的狂欢节有着极度的类似性，这是常常被注意到的。它们是具有影响力且是动人的，因为它们见证了从以前分散的潜能中诞生出新的集体行动者。它们可以是令人兴奋的、让人激动的。但是与狂欢节不同的是，它们并没有处在任何根深蒂固的、固有的普遍认识结构和反结构的框架下。它们是极其迷人的，但也经常疯狂，甚至到掠夺的地步，经常会被许多不同的道德矢量——要么是乌托邦革命的，要么是恐外的或是疯狂摧毁的——所替代；或

① 参见Danièle Hervieu-Léger, *La Religion pour Mémoir*（Paris: Cerf, 1993），第三章，尤其是第82页。

② Émile Durkheim, *Les Formes élémentaires de la Vie religieuse*（Paris: Presses Universitaires de France, 1912）.

者它们能够把一些大众迫切的、珍惜的善具体化，例如，在温塞斯拉斯广场摇晃钥匙链；或像在戴安娜王妃的葬礼上，庆贺一个在非凡的生活中以平凡的、脆弱的方式对爱和幸福的追求。

想到20世纪的历史，充满了纽伦堡集会以及其他类似的恐怖，人们在这些疯狂的时刻里恐惧的理由与期望的同样多。但是，它们的潜能以及它们极大的吸引力，也许在现代世俗时间的经验中是隐含的。

对这些相互展示的模棱两可的空间，我已经谈得很多了，但是它们并没有完全涵盖共同行为和客观化之间的一系列可能性。还有一些时候，一个公共空间会被一种有力的、共享的情感，而非行为所充满，就像数以百万计的观众观看戴安娜的葬礼那样。这些巨型的元议题性的观众空间在我们的世界里变得越来越重要。

再者，这些相聚的不同方式并非肩并肩地存在着。我们已经看到，例如，相互的展示，有时候，至少是在某时某刻，可以变成共同行为。在一个更加持久的基础上，始于单一的人口普查的范畴，可以演变成共同的动因，和失业者以及领社会救济金的人一起提出共同的要求。或者先前存在的动因可以进入单纯的被动范畴。现代想象在复杂的互动和潜在的相互转化中包含着一系列的形式。

这种把社会不仅仅看作是政体、包括许多层面的认识，对我们的世界有另外一种重要的影响力。这包括在政治领域的行为必须考虑到与其他形式的整合性，以及人们在这些形式中所要寻求的目标。的确，政治对于经济繁荣完全是起作用的，这样的理念在我们的世界里正处于激烈的辩论中（而我相信，这是正确的）。事实上，人民主权论的出现赋予政治新的重要性，这部分体现于寻回来自古代理想国以及城邦的模式和理想，那时政治活动处于公民生活的中心地位。但即使是这样，其他领域的整合性也是不容否认的。这种以光明的未来为借口去推翻和控制生活中的其他领域的驱动力，成了我们所熟悉的极权主义的诱惑，早期可见于雅各宾恐怖的鼎盛时期，后来可见于苏联的共产主义及其分支。这些尝试不仅是与我们所理解的道德秩序的某些基本特征相反——其中最明显的是对个人自由和道德自主的要求——而且他们自己逐渐开始希望（事实证明，这种希望已经落空）这种高压控制可以促成一个无拘束的世界。对于马克思主义来说，其终极目标是要让国家消亡。再也不可能有更多强有力的证据把前政治的思想牢牢置于我们的现代理解中，作为政治的目标及其局限性。

（法西斯是我们这个世纪另一个主要极权主义的诱惑，在这种情况下，事实上，我们对道德秩序的认识进行了前沿性的攻击。这是对这一秩序的一个方面的攻击，是我在下文就要提到的。这一秩序向来是被争论的，而且还要继续被争论，有这样的认识是很重要的。但是，很难想象它会被替代。我们很幸运，因为法西斯在这一世纪的上半叶就被军事力量所摧毁。但是，它即使没有遭遇到这样的命运，我也会怀疑法西斯政权不一定会坚决抵制对更多自由的诉求，这种诉求在我们的文化里是根深蒂固的。）

给非政治一个重要地位的现代，早在本杰明·康斯坦特关于古代和现代自由的著名演讲中已经阐述过它的意思。[①] 根据康斯坦特的观点，雅各宾派的错误（也是卢梭的错误）在于认为参与政治的自由是我们唯一关心的自由，这是古人们所赞赏的自由。但是，我们成为这种人，经济上的繁荣以及对私人生活的满足已经变得对我们来说是尤为重要的。我们不能简单地把古时的模式运用到我们的政治生活中来。

为了给予道德秩序的当代理念有一个更完整的画面，我们需要在我们的社会想象中已经确定的三种社会存在形式——经济、公共领域和人民领导的政体——之外加上第四种，在人权法案和宪章里已经阐述过。这是格劳秀斯—洛克的最初理论中的一个重要特征，已经植根

① Benjamin Constant, “De la liberté des anciens, comparée à celle des modernes”, Marcel Gauchet, ed., *Écrits Politiques*（Paris: Gallimard, 1997）.

于我们对规范秩序的认识中。它是几乎以与人民主权论同样的方式和过程来构建我们的社会想象的。也就是说，早先的实践被赋予新的意义，因而以不同的方式构建而成。

正如在美国革命中，征得当选议会同意的实践被改变成对政治合法性的一种新理解，与此同时，通过同样的政治变革，体现了法律的首要性之实践，也开始改变它们的意义。不再供奉仅是英国人的权利，人们开始把这种权利看作是对17世纪伟大的理论家所说的天赋权利的反映。这些援引于《独立宣言》；权利的首要性在《宪法》的前十条修正案中得到进一步推动。

这一整个发展，在我们的时代里达到了高潮，在二战之后，在政治组织结构之前并未被其触及的权利概念成了广为传播的——虽然现在被称为“人”权，而非“天赋”权利——这种权利的意识表现在确立宪章的权利中，当它触犯了这些权利里的基本规条时，普通的法律可以被放在一边。

这些对权利的声明，在一定程度上，是我们对道德秩序的现代理念最清楚的表明。它是政治的基础，是政治所需要尊重的。

第十二章

叙事的模式

要转向一个横向的、直接进入的、置身于世俗时间的世界，随之就需要对我们在时间和空间里的处境有不同的认识。它带给我们对历史和叙事模式的不同理解。

尤其是新的集体主体，即无需先前的超验行为作为基础，就可以建立起自己政府的一个民族或国家，需要以新的方式去讲述它的故事。在某种程度上，这些像建国时的老故事，引用了我们无法重温的原初时间的传奇人物的形象；让人想到了华盛顿以及其他开国元勋在讲述美国的历史起源的一些论述。

但是在所有的类比中，存在着一个明显的不同。我们正在论述的是一个纯世俗时间里的故事。现时的、后建国时代的秩序是正确的，这一认识不得不通过与认识时间相一致的概念来表述。我们不能再把它描述成是置于更高时间的自我实现秩序的出现。与世俗时间相融的范畴是成长的范畴、成熟的范畴，源自于有机的领域。它在本质上的潜能已经走向成熟。因此，历史可以被理解为，例如，人类的才能与理性以及它们与错误和迷信做斗争的缓慢成长过程。当人们达到一定的理性认识的阶段时，国家才能建立起来。

这一新的历史有着它的一些节点，但是它们是在人类潜能走向成熟的步骤中来统筹的，例如是理性的或由理性控制的成熟潜能。在一个故事中，我们的成长，一方面，需要逐渐看到正确的道德秩序，我们必须实现的互利的连锁关系（“我们把这些真理看成是自明的”）；另一方面，需要取得足够的自我节制去把它付诸实践。当我们在这两条道路上走得足够远的时候，我们就到了一个节点，在那里就能建立一个新的、更加美好的社会。我们的开国英雄们，凭借着他们一切非凡的品质，在世俗时间里的一个成长故事中脱颖而出。

这和进步的故事（或神话）是相适应的，这是现代性中最重要的叙事模式之一。只是它也适应于另一个广泛出现的革命发源地。这是一个成熟的节点，人们能与妨碍或歪曲道德秩序的古老模式和机构作决定性的了断。顷刻之间，前所未有地实现这一秩序的要求是可能的。总有一种令人振奋的想法，认为一切都是有可能的，这也就是为何革命的主张容易变成一个有影响力的神话，过去的节点的神话，其无穷尽的可能性已经被背信弃义和胆怯所挫败、所背叛。革命成为需要进一步完成的任务。这是19世纪乃至20世纪激进的法国左派持续的神话。[①]

但是，有一个最具影响力的叙事模式是在国家里占有中心地位的。一个民族可以为自己的政治诞生负有责任，似乎是一种悖论。到底是什么使得这些人为了自治的目的而聚集起来？有时候，那是由于历史的偶然事件造成的：一个国家的诞生是由于长期被一个单一的政权所统治的人们希望把统治权放在自己的手中（或一些精英分子认为他们应该达到这样的目的）。1789年的法国就是这样，更令人不悦的是，在20世纪早期，还试图建立奥托曼帝国。要不然一个民族出于自治的政治选择建立了自己的国家，就像美国革命一样。由于这一果断的政治选择，这些革命人士把自己从其他的英国人，甚至是他们中间的托利党人中分离出来。

---

① Baczko, *Les Imaginaires Sociaux*, 第117—118页。我大量参考了这本书中有趣的讨论。

但是，我们所说的民族主义更多的是基于这一理念，有某个特定选择的单位的基础，而并非历史的偶然性或政治选择。被领导走向独立国家的人民，由于共同的语言、共同的文化、共同的宗教，或共同行为的历史，被认为是彼此相属的。人们不断提到这些共同的历史，经常是纯属发明。[①] 这一断言是正确的，但那肯定是有效的政治发明，是深入人心的，成为相关的人们之社会想象的一部分。

这就再一次说明，具有成长潜能的范畴是重要的范畴。不管我们分布在哪里，有多少种方言，或缺乏群体意识，我们终究是乌克兰人、塞尔维亚人、斯洛伐克人，或是什么地方的人。我们有重要的共同之处，使我们作为单一的主权人民去共同行动的做法变得自然而又正确。我们只需要被唤醒。那么，我们也许需要靠斗争来实现这一命运。走向成熟、意识的增长、由自在最终走向自为的理念，是起着重要作用的。

这三种叙事的模式——进步、革命、国家——显然是可以结合在一起的。它们可以依次和启示的、弥赛亚的模式交织在一起，这些模式是根据对救赎历史的宗教方面的理解而引发出来的：例如，成熟的秩序一定会面临暴力的反对，反对越是激烈，越是接近终极的胜利。革命伴随着一场巨型战斗，一场世俗化的哈米吉多顿。在20世纪的历史中，革命的破坏性的效应，是显而易见的。

超出把我们的现在置于国家政治历史的，是我们对我们的人民在整个创纪元的发展中的地位，或在为道德秩序、自由与权利而斗争中的地位的认识。这应该是我们对国家自我认识的一个非常重要的部分。想想在法国大革命时期，一种普遍主义的沙文主义在法国国家意识中的地位：法国是命中注定要给欧洲带来自由与人权的国家。军事的辉煌与普世的使命是相融合的。这是令人兴奋的事情，是为拿破仑所知的。

---

① 参见Ernest Gellner, *Nations and Nationalism*（Oxford: Blackwell, 1983）；Eric Hobsbawm, *Nations and Nationalism since 1780*（Cambridge, England: Cambridge University Press, 1990）。

苏联和共产主义的中国在我们的世纪中，在不同层面试图承担起这一职责。

但是，想象在空间上也是有延伸的。我一直是把国家或政府当作现代想象的三种主要模式的所在地来谈论的。但是它们都具有超国家的所在地。经济可以被看成是国际的，而公共领域在某些方面总能延伸到国界之外；在欧洲启蒙时代占重要地位的思想交流与不同国家里发生的辩论是联系在一起的，这些国家包括英格兰、苏格兰、大不列颠，以及后来的德国与美国。对于欧洲的国家来说，它总是存在于所谓的国家联合体中，达成1648年“威斯特伐利亚和约”所提到的一种新的统一阶段、一系列新的基本原则。①

这种意义上的文明统一性可以追溯到对拉丁基督教的原初的自我认识，这一认识与天主教会，一个包罗万象的超国家组织，相结合。对这一文明有不同的表述，在现代主要把它表述为“欧洲”文明，但从那时起，它从未失去在秩序里的共同原则下的统一性。

如果我们现在把文明举止或另一层面的文明的概念引进来的话，不是用来分辨文化之间的重大复杂性，而是从与凶猛或野蛮相形之下的规范意义来看，我们可以说，现代欧洲经常不仅仅是或者甚至是把自己看成是基督教的国度，也是把它看成是文明的主要储藏地。而在此意义上的超国家秩序，在几个世纪以来已经逐渐发生变化，直到出现了其基本的主要特征：民主治理以及对人权的尊重。我们对这一最广泛的语境的理解，已经被现代道德秩序所殖民化。自从欧洲国家体系形成了其延伸成为世界体系的基础，这种秩序富有想象力地扩张，要把地球村的所有（守规矩的）成员包括在内。

但是，这种对文明和现代道德秩序的认同并非没有遇到阻力。这

① Michael Mann在他的*Sources of Social Power*一书中，强烈地指出，西欧总是认为有一种超国家的秩序，在这一秩序里每个国家起着各自的作用。

种认同代表着早期的君主等级秩序的模式一直进行着无望取胜的斗争。在这一过程中，从一开始，现代的秩序理念就开始影响着这些模式，这在我们先前提到过的巴洛克对秩序的理念中，我们可以间接地看到一些让步。革命之后可能会有复辟，但不会完全回到先前的状态，正如查理十世于1825年在兰斯举行全盘传统的加冕仪式时所发现的。古老的壮观，在新语境下不再能真正地实现。其他的独裁政体更多地把精力花在成为独裁国家，而并非去复兴等级互补的形式。有一些政体诉诸这种奇怪的、相互矛盾的模式，正如在沙皇独裁下的俄罗斯民族主义。

但是，这些“反动派”的政体进行了一个漫长的无望取胜的斗争，最终把指挥棒交给了20世纪的独裁政体。这两者之间有着延续性：一些怀念德国帝国时代秩序的人们加入纳粹的军队；法国的法西斯主义者则是由寻求王朝复辟的“法国行动党”的运动中产生的。但在事实上，这两种对现代道德秩序的反对力量是来自不同的来源。20世纪的反对力量源于对这一秩序的对抗，源于在18世纪一开始设立政治的条件时产生的不适应。

从18世纪许多人对一个讲礼貌的商业社会的出现所感到的不适，我们可以看到这种不适应到底包含着什么。这个现代社会比先前的社会来得更加平和、有效率以及均等，而所有这些是被视为善的。但是，总有一种惧怕存在，担心在这当中失去了什么；那男子气概的品质、英雄主义、伟大的灵魂已经被侵蚀；一些非凡人物的优越性被人们对平凡的喜爱所淹没。

这种不适应的感觉，部分来源于对18世纪共和德性的持续兴趣。即使是一些向我们提供最先进的、最精致的新社会理论以及清楚地看到其优点的思想家，像亚当·斯密和亚当·弗格森都担心，社会分工过细会麻木和削弱人民，使他们不能成为合格的自治的公民，使他们失去先前战士市民的勇气与德性。正如弗格森所说的，“把织布和制革的工艺分开，我们会有更好的鞋子和布料。但是把形成公民和政治家的技艺分开，把政治与战争的技艺分开，却是在肢解人类的品格”。这样做，可能会使自由的民族从确保安全的必要因素中剥离出来。[①]

这种焦虑并没有随着新世纪的到来而消失。这种不安感持续存在，认为现代的平均主义以及和平生产的技艺，是用伟大、英雄主义、舍命的勇气，以及渴望高于财富的品格的代价换来的。托克维尔不断地调和他支持民主的观点，担心民主在自由中将会衰败。当然，对平等与福利的最伟大的批评家，莫过于弗里德里希·尼采了，他轻视“末人”所寻求的“可怜的安慰”。

对这种缺失感的一个补救方法，就是提出一种更加崇高、有意义的探索自治中的平等的方案，就是卢梭提出的那种方案。在雅各宾派、马克思和共产主义中我们可以看到这样的方案。努力建立一种新的有德性的共和国或一个平等社群的英雄本性，阻止了人们陷入可怜的安慰中。另一个补救方法就是跟随尼采，去拒绝现代秩序中平均主义和人文主义的价值，并提出一种英雄主义、统治和意志的新政治。

这两种反应对20世纪的自由民主提出了极权主义的挑战，该自由民主是由一种版本的现代道德秩序所界定，这一秩序强调其多样性以及政治的局限性。正是在这些斗争中自由民主的胜利，似乎最终确立了文明以及现代秩序的身份认同。虽然共产主义和法西斯主义都是在反对一个既定的体制，但是这似乎说明了这种认同在本世纪初已经起步了。艾兹拉·庞德是这样描述第一次世界大战期间年轻人所做出的悲惨的无谓牺牲：

众多的年轻人死亡，

① Ferguson, *Essay on the History of Civil Society*, 第230页。这种不安的状态也成为美国革命中共和党领袖的观点之基础，认为普通老百姓在谋生的过程中无法产生无私的德性，那些从事贸易的人们也存在着同样的困难。

在他们当中，
有为了一只掉牙的老母狗，
有为了一个支离破碎的文明。[①]

绝大多数时候，居住在西方社会的我们会完全认为这种认同是理所当然的——虽然我们会为从规范准则意义上对文明的政治上错误的祈求而感到尴尬。我们会害怕、也会（不总是公开地）瞧不起那些拒绝这一秩序的基本价值的人们，不管他们是基地组织的恐怖分子，或是在巴尔干或非洲的种族屠杀者。

再者，我们与已经在我们的文明中建立的秩序有关，正如人们总与最根本意义上的秩序有关：我们既有一种安全感可以去相信这一秩序在我们的世界里是有功效的；通过我们的参与和支持，我们又有着一种优越感和善感。这意味着当我们看到可以从外部对它进行突破时，像在世界贸易中心那样，我们会有极大的缺乏安全感的反应；但是，当我们看到它可能是由内部被破坏或我们正在背叛它时，我们会感到更加恐惧。这样，就不仅仅是我们的安全感在受到威胁，我们自身的整合感以及善感也受到威胁。看到这一切被质疑，我们感到极度不安，我们的行动能力彻底受到威胁。

这就是为何在早期，我们会看到人们在受到威胁的时刻总是猛烈攻击，把对付“内部的敌人”的武力当成替罪羊，通过巧妙处理对我们的整合感构成的威胁来应对对我们的安全构成的威胁，并把威胁转嫁到替罪羊的身上。在拉丁基督教的早期，犹太人和巫师都被置于这种无人羡慕的角色。在“启蒙了”的时代里，我们依然努力依靠类似的机制，这一事实让我们感到不安。但这不会是历史中的第一个悖论，如果

① 出现在Ezra Pound, *Hugh Selwyn Mauberley*一文中，引自Samuel Hynes, *A War Imagined*（London: Pimlico, 1990），第342页。

使用一个和平的普世主义的教义来煽动被当成替罪羊的暴力。[①]

这是我们西方现代社会想象的阴暗面：它与我们文明的优越感相联系，也可能与对替罪羊的迫害有关。那么，一种社会想象与马克思主义者所说的意识形态、一个与我们的现实相扭曲的错误的意识之间的关系是什么呢？与想象相关联的一个术语的运用引出了这样的问题：我们所想象的可以是新的、有建设性的、开启新的可能性的，或者可能完全是虚假的，也许是带有危险性的错误。

我用这个术语，实际上是想要包含这两个方面的。一种想象可能是错误的，即它歪曲了或者掩盖了某种重要的现实吗？显然，根据上文的一些例子，我们的回答是肯定的。把我们自己看成是在民主国家里平等的公民；到了一种程度，我们不仅把它理解为是一种合理的原则并且想象它已经整体实现了，我们就会用一种掩盖的手段去忽视许多被排除在外的、无权力的人群，或者想象着他们的被排斥是他们自己造成的。我们经常会发现，以这样的方式现代社会想象不再被定义为是理想的模式，而是这一或那一群体赖以生存的，这些方式是充满了意识形态的、错误的意识。

但是，在界定这些社会想象时所得的收获，就是它们从来就不仅仅是意识形态。它们还有一种制定权的职能，使人们觉得合理的实践有可能，从而变成是可行的。这样，它们不可能完全是虚假的；有一些人，即使不是每个人，正在致力于民主自治的模式，正如我们舒适的自我合法化想象的那样。像所有的人类想象模式那样，社会想象可能充满自私的虚幻以及压制，但它也是现实中的一个基本组成部分。它不会沦为一个虚幻的梦想。

① 整个现代性中的暴力问题需要进一步深化研究，尤其需要参考René Girard的开创性的著作。

第十三章

世俗性的意义

关于我们的世界观是如何被社会想象的模式所主宰，也许已经说得足够多了，这种想象诚如我所说的，是经过漫长的历程而形成的，并被互利的现代理想秩序以这样或那样的方式所塑造。不仅是令人困扰的方面，像一些民族主义或清洗的暴力的形式，而且在当代世界里，一些在本质上不受挑战的合法化的准则，像自由、平等、人权和民主，都能展示这一现代秩序是如何强有力地影响着我们的社会想象。它构成了我们的思维几乎难以超越的一个范围。在一定的年代之后，十分引人注意的是，甚至反对革命者也不再援用更高时间里的陈旧基础。他们也必须谈及秩序的功能必要性，像迈斯特的刽子手那样。他们可能仍从神学的角度来思考，迈斯特和卡尔·施米特都是这样（但是，莫拉斯绝对不是这样）。然而，这是在不同语域里的神学。他们要像世俗世界里的理论家那样来阐述问题。①

那么，现代社会想象和现代世俗世界之间又是怎样的关系？

直白地说，我用了“世俗”这个词，是暗指漫长的历程有助于宗教

---

① 在力图修复那不可修复的过程中所产生的痛苦，可以通过查理十世试图在1825年在汉斯举行的加冕礼中恢复整套原始礼仪的例子来表述。参见Furet, *Revolutionary France*, 第300—303页的描述。

从公共领域中转移出来。这也有助于把上帝从公共空间中分离出来。或者，至少看上去是这样。但是，实际上并非完全是这样。它的确把上帝曾经存在的一个模式，即在更高时间里超验行为的社会基础的一部分故事，分离出去。就像坎托罗维奇所描述的那样，“上帝保护着国王”以及国王与上帝、国王与基督之间的强有力的类比和同化，却被极度地削弱，而最终被互利的秩序所引发的想象驱逐。[①] 但是，这并不意味着上帝必须完全从公共空间里消失。美国人民逐渐把自己称为“我们”，也把自己界定为“被上帝带领的人民”。这种互利的秩序，一开始也被看成是上帝所创造的，秩序的实现被看成是上帝的旨意。

为了理解我们目前所处的困境，我们要看上帝存在的这一他择性的模式意味着什么，并且它是如何在许多当代社会被放置一边的。

漫长的历程是与把我们从被更高时间所塑造的魔法世界里分离出来的力量齐头并进的。当然，祛魅和把一切行为局限于俗世时间里的做法这两者之间有着密切的联系。同样的一些因素——把平凡的生活过得虔诚、机械论学说、社会生活的有序重建——驱散并清空了神明和力量的世界，这些因素也越来越把我们局限在世俗的时间里。它们把更高时间清空以及边缘化，压制了狂欢节中关键性的、多层次的时间，封杀了对反结构的需要及其可能性，让以超验行为作为基础的理念变得越来越不可理解。它们把我们牢牢地置于一个世俗的时间，这时间是规划好的，被认为是综合的环境，没有留下任何薄弱的空间，可以用来像从前那样与更高时间的联系沟通。

先前的这些现象都消失了，虽然是经过一些转型的阶段，其中十分显著的例子是巴洛克公共空间的伟大模式，太阳王（路易十四）的古典主义也是这样的。

那么，可以直截了当地说，这种社会想象让宗教或神明在公共空间

---

① Kantorowicz, *The King's Two Bodies*.

的某种存在得以结束。政治权威以及其他跨地域的公共动因没有与上帝或更高时间挂钩，是不可思议的；这些与政局的结构紧密联系在一起，以至于后者无法独立于神明、更高时间或神圣的宗教感情来理解，这一时代已经结束。这是马塞尔·戈谢所描述的“宗教的结束”那个阶段。但是，这一引起恐慌的表述有着一个更加确切的意思：依靠上帝或者来世来组织建构的社会已经结束。[①] 这不是个人宗教的结束，像戈谢所坚持的观点。[②] 甚至也未必是宗教在公共生活的结束，像美国所展示的例子。但是，毫无疑问，这是我们在现代困境的发展中一个决定性阶段，其中，信仰与不信仰宗教可以并存，供人们选择。

更准确地说，这就是不同之所在。在早期，上帝或其他的高级存在是一种本体的必然性；也就是说，人们无法构想出一个元议题性的中介，它所拥有的权威不是在某种意义上建立在更高时间的基础上，它的权威是来自于上帝的行为、存在巨链或是在那个时候就奠定的。而变化给我们带来的，就是完全在世俗的时间里理解社会的和政治的生活。建国立业被视为是凡世里的普通行为，在本体上和其他这样的行为具有相同的基础，虽然它们在我们的国家叙事或立法体系中被赋予特殊的权威性的地位。

把政治从对宗教的本体依赖中解放出来，就是有时人们所说的公共空间的世俗性。其中并没有害处；实际上，这样做是很好的。这是巴奇科所描绘的“建立在自身基础上的社会”的图景。[③]

但是，我们也不能忽视，这给宗教在公共生活领域中开辟了新空间。在世俗时间里依靠共同行为而建立的政体，在一定意义上是有赖

① “社会空间构造的原则是依赖，这一原则遍布各个社会，直至我们的社会，这一构造的作用结束了”（Gauchet, *Le désenchantement du monde*, 第233页）。我从这一本具有吸引力和深远影响的书中学到了许多。

② 同上，第292页。

③ Baczko, *Les Imaginaires Sociaux*, 第17页。

于共同意志的。这并不意味着他们必定是民主的，共同意志可以是少数人的，理所当然地认为他们可以替其余的人代言，或那些人是无法自治的。共同意志甚至成为法西斯政权的基础，当时被理解成人民的真正意愿是通过伟大领袖来表述的。在一定意义上，这几乎是一种重复，在我们失去了对高级存在的本体依赖，依靠一些共同行为就建立起政体的地方，这一行为所实现的共享意志却被赋予了基本的作用。

当然，在民主国家中提及共同意志是不可避免的，民主国家声称是在人民主权的基础上建立的。这对政府就有一种普遍的理解，它为人们持续的思考提供框架，为公共讨论提供参考议题，没有这种议题，定期做出的决定就不会被认为是大众意愿的表述。因为，我们只有对一个共同认可的问题进行辩论，而且我们每个人都有申诉的机会，我们才能说这样的结果代表了共同的决定。

再者，如果我需要去接受一个对我不利的权威性决定，我要把自己看成是做出这一决定的那些人中的一分子。我必须觉得和那些人是相互关联的，因而我可以这么说：尽管这一决定在其内容上是错误的，但是我却要赞同，因为它是我所属于的那群人的意志或利益的表述。

人们是怎样在如此意义上相互关联的呢？是因为有着一些强大的共同目的或者价值观。这是我所说的他们的“政治身份认同”。让我试着进一步对此做出解释。

就以我们的民主社会为例，这一身份认同显然需要自由的介入，包括持异议的少数派的自由。但是，一个对我不利的决定能否为我的自由服务呢？我们在此遇到了一个长期存在的怀疑论，特别是在那些坚持原子论政治哲学观点的，和那些怀疑在个人选择之外对共同之善的所有诉求的人群中，是尤为突出的。他们认为这些诉求只是花招，是为了获得反对派的支持而自甘为奴。

但是，我们没有必要在此为这一终极的哲学问题作定论。我们并不是在这里探讨一个哲学问题，而是在讨论一个社会想象的问题。我们需要问："想象共同体"的特征是什么？这些人经常乐意接受在民主的政权下他们是自由的理念，甚至在这一政权下在重要的问题上他们的意愿被推翻了。

他们所能接受的回答诸如此类：你，就像我们其余的人，是自由的，正是因为我们自己共同自治，而不是被其他的对我们不加考虑的中介所统治。你的自由源自于你在人民主权中有保障的发言权，你的意见会被听取，你也有参与决定的权利。你享有这样的选举权，是因为法律赋予我们所有人这样的选举权，因此我们可以一起享有这样的自由。不论你在任一特定的决策中是输还是赢，你的自由都是通过法律来实现和保护的。这一法律界定了一个群体，其自由是靠着它来实现或保障的。它界定了一个集体的动因——人民，他们依靠法律共同行事，从而保护了他们的自由。

不管是否有效，在民主的社会里，人们逐渐接受这样的回答。我们可以马上看到，他们所接受的相属关系比在其他任何偶然的群体里所形成的，要来得牢靠。这是一个持续的集体中介，其中的成员意识到有件事很重要：一种自由。只要这一种善对成员们的身份是重要的，他们就会和这个中介有着强烈的认同，因此，就会觉得与这个中介的共同参与者也是相互关联的。仅仅对这种成员关系的诉求，能回应以自由的名义思量着去反抗不利的决定的个人或群体的挑战。

在这里重要的是，不管谁最终在哲学意义上是正确的，只要人们可以接受这样的回答，人民主权的合法性原则就能够起作用以征得他们的同意。这个原则只有通过诉诸于一个强有力的集体中介，才是有效的。如果这样的认同被否决，政府的统治在这些否决者的眼里就是不正当的，正如我们看到的无数的少数民族不满的例子：由人民来统治，可以；但是我们不能接受被这群人统治，因为我们不是他们人民中的一部分。这是民主与强有力的共同中介之间的内在联系。它遵循着作为民主政权基础的合法性原则的逻辑。他们在险境中无法促成这种身份认同。

最后的这个例子向我们指出在诉诸于人民主权中需要做一个重要的调整。在我所说的这个版本中，人们所诉诸的，应该是我们所说的“共和的自由”。这是源自于古代理想国的，在美国和法国革命中产生的。但此后不久，同样的诉求开始以民族主义的形式出现。试图通过法国军队的力量来传播法国革命的原则在德国、意大利和其他地方遭到了反对：这些地方的人认为他们自己不是法国人的一部分，也不能被以主权人民的名义来进行革命和捍卫革命的这些法国人所代表。在许多社群里都普遍认为，主权人民要获得集体动因的统一，首先需要有文化、历史或者语言（在欧洲经常是这样）的统一。因此，在政治国家背后，应该事先存在着一个文化的（有时是民族的）国家。

民族主义在这个意义上，是出自于民主，并由此成长起来的（是良性的，也可能是恶性的）。在19世纪早期的欧洲，当人们参加神圣同盟，为从多国的专制帝国统治中解放出来而战斗时，这两者之间似乎并不对立。对于一个意大利爱国青年党员来说，两者的目标是完全一致的。[①]只有到了后来，民族主义的一些模式才以自恃的名义摆脱了对人权和民主的忠诚。

但是，甚至在此之前，民族主义对人民主权做出了另一种调整。它对上文提到的那些否决者的回答——你的基本身份是与我们的共同法律相互关联的——不仅仅指的是共和自由，也是与文化身份认同的秩序有关的。在国家里受到保护和得以实现的不仅仅是你作为一个人的自由；国家也要保证共同的文化身份认同得以表述。

---

① 事实上，民主的驱动力是采取了占支配地位的“民族的”形式。从逻辑上来看，民主完全有可能需要以在泛帝国“人民”的多国公民身份的形式，来对多国独裁政府（如奥地利，土耳其）进行挑战。但事实上，这种尝试经常是失败的，人民是自行选择通往自由的道路的。1848年在圣保罗教堂捷克不愿意成为民主化帝国的一部分，青年土耳其党在试图争取奥托曼帝国的公民身份失败后，为暴风骤雨般的土耳其民族主义铺开道路。

因此，我们可以说，对人民主权的诉诸，存在着“共和”版以及“民族”版，虽然在具体的实践上，这两者总是走到一处，并且在民主社会的想象与修辞中也没有什么区别。

（事实上，即使是原先共和的前民族主义的革命，像美国与法国的革命，已经看到了一种民族主义在源于革命的社会中发展。这些革命的重点是为了自由的普遍之善，不管革命者实际上接受了，甚至赞许了什么样的排他主义的思想。但是，他们的爱国忠诚是针对在美国和法国的实现自由的特殊历史计划。这种普遍主义成为在“人类最后的、最好的希望”中、在支撑着“人权”的共和国里强烈的民族自豪感的基础。这是为何自由，至少在法国的例子中，成为征服的计划，其重大的结果是导致我在上文提到的那些地方的民族主义的回击。）

因此，我们就有了一种新的集体中介，其成员把它认同为是自由得以实现并受到保障的地方，以及进行他们国家的和文化的表述的地方。当然，在前现代社会里，人们也经常与政权、神圣的君王或等级秩序“认同”。他们经常是自愿的臣民。但是在民主时代，我们把自己认同为自由的行动者。这是为何大众意志的概念在合法的理念中起到了重要的作用。[①]

这就意味着现代民主国家已经普遍接受了共同的目标或关注的焦点，凭着这些特征，国家可以声称是其公民自由的保障并且是表述意愿的地方。不论这些声称是否成立，如果国家是合法的话，它必须让公民这样来想象。

因此，可以向现代国家提出这样一个问题，这是在前现代的模式下没有可类比的：国家的目的是什么？是为何人服务的？是什么人的自由？

① 卢梭很早就清楚地阐述了这一观点的逻辑，看到了一个民主的主权国家不能只是一个“集合体”，像听演讲的听众那样；而是需要成为一个“联合会”，即一个强有力的集体动因，一个具有“团结，公我，生活以及自由”的“道德和集体的个人”。前者的概念很重要，因为赋予这一群体个性的是公意（《社会契约论》，卷一，第六章）。

是什么人的表述？这样的问题如果运用在奥地利或土耳其帝国是没有什么意义的，除非有人在回答“为谁服务”的问题时指的是哈布斯堡王朝或奥托曼王朝，它们是不会告诉你合法的理念的。

现代国家是在如此意义上有着它的政治身份，被人们渐渐接受的“国家是为什么/为何人”的答案所界定。这和国家里的成员的身份是不一样的，即有许多不同的关注焦点，而每个点都说明了他们生活中何为重要的。当然，这两种身份最好是有一些重叠，如果这些成员觉得与国家有强烈的认同感；而个人以及组成群体的身份，在总体上是更丰富而且更复杂的，同时彼此之间也经常是不尽相同的。①

我们现在可以看到宗教在现代国家里的空间，因为上帝在国家的政治身份中具有强大的影响力。可能是我们把自己看成是在完成上帝的旨意，去建立一个在最大程度上遵循其教导的政体，就像许多美国人在革命时期与之后所做的。或者我们的国家身份与上帝有关，如果我们把自己看成在一定程度上是由独特的敬虔和忠心来界定的。在经常被异端分子和不信者（这些人像从前的阿非利卡人、波兰人、爱尔兰人以及加拿大籍法国人）所围绕的，或更糟的，是被这些人所统治的人群中，经常有这样的想法。在他们为获得或保护独立的斗争中，对上帝的一种效忠，一种忏悔的归属感，成为他们政治身份的一个组成部分。我们已经看到这种身份随后的退化，以至于敬虔渐渐消失，留下来的只有沙文主义，像在北爱尔兰以及前南斯拉夫，但是这种身份的存在也可以滋养出一种充满活力的信心。②

这是上帝在世俗世界里的新空间。正如在个人的生活中，魔法世界

---

① 我已经在Charles Taylor, “Les Sources de l’identité moderne”, 收录于Mikhaël Elbaz, Andrée Fortin和Guy Laforest合著的*Les Frontières de l’Identité: Modernité et postmodernisme au Québec*（Sainte-Foy: Presses de l’Université Laval, 1996），第347—364页中论述过这一关系。

② 参见Charles Taylor, “Glaube und Identität”, 收录于*Transit*, no. 16（winter 1998/1999）：第21—38页。

的消失可以通过敬虔，即在生活上上帝强烈的介入感来弥补，同样，在公共世界里，对更高的本体依赖的消失，可以由上帝在我们的政治身份中强悍的存在所取代。在个人和社会生活中，神圣的不再是作为物中物在特别的空间、时间或人物中来接触。不过，上帝的旨意依然可以在事物的规划中、宇宙中、国家里以及个人生活中向我们清楚地显现。上帝似乎是我们不可避免的力量源泉，向我们个人的、社会的生活传递秩序。

正是从魔法世界到身份的存在形式这一转变，为当代世界的世俗性提供了舞台。在这个舞台上，上帝或宗教并没有完全从公共空间里消失，而是在个人或群体的身份认同中占重要地位，因而，它总是成为政治身份中可能的组成部分。把我们的政治身份与任何特定的宗教信仰分开应该是一个明智的决定，但是这一分离的原则在它的运用中不断地被重新解释，无论在哪里宗教对于大部分公民的生活起着重要的作用，也就是说，几乎在所有的地方都是这样的。[①] 宗教再次介入政治身份的可能性一直是存在的，犹如随着印度人民党的兴起一样。

现代性是世俗的，这并非是通常的、松散意义上的，表明宗教在现代性中的缺乏，而是说明这样一个事实：宗教占据着一个不同的空间，这与所有的社会行为都发生在凡世间的认识是相容的。

---

① 参见José Casanova, *Public Religions in the Modern World*（Chicago: University of Chicago Press, 1994）。

第十四章

边缘化的欧洲

这样，世俗化，正如我们刚刚界定过的，是西方现代性的另一个特征，是帮助构成这一文明的社会想象之另一个方面。这把我们带回了起点。我在开始的时候说到，通过对社会想象的研究，一个可能获得的基本收获是，可以在这一层面上十分清楚地看到地方特性的出现。

如果我们从某些组织建制的变化来界定现代性，这些变化包括现代官僚制政府的延伸、市场经济、科学以及技术，那么，这样就容易产生一种错觉，认为现代性只是以同样的形式出现在各地的单一过程，最终会给我们的世界带来统一和集中。但是，我基本的预想是，我们要谈到“多种现代性”，以不同的方式来建立和激励组织建制的形式，使之成为必然的存在。我在上文已经列举过一些例子了。

当我们考察西方世俗性时，我的这种预想来得最强烈，世俗性这个词源于拉丁基督教传统，并深深地带上它的烙印。但我希望，在这一研究即将结束时，这样的观点能够在一系列领域得到更多的证实。在第八章，追溯了美国和法国人民主权想象的兴起，这使我们看到了即使是在西方世界里，也有政治文化的不同；在第九章，谈到了美国和欧洲漫长历程的不同轨迹。如果我们给推动西方类似的制度和实践的不同理念以正确地位的话，那么，就会更加清楚地看到主要文明之间的差异要来得更大。在某种意义上，这些主要文明彼此之间的关系都变得更加密切并且互相学习，这一事实并没有消除彼此的不同，而是把这些不同掩盖起来，因为从不同的立场来看对什么是可以借鉴的、什么是可以向对方靠近的看法经常是不同的。

认识到这些不同的重要性，使我们获得一种谦虚的见识，认为我们还有许多不明白的地方，甚至我们还缺乏合适的语言来描述这些不同。从消极的方面来看，着手用迪普希·查克拉巴蒂[①]简练的词语所描绘的“边缘化欧洲”是很重要的。这意味着我们终于不再把现代性看成是单一的进程，欧洲是这一进程的范式，的确，我们理解欧洲的模式是首先有的，理所当然地成为某些有创意的模仿之目标。但是，最终，在许多模式中有一种模式，即我们所希望（有点儿违背希望）的在多种形式的世界里的地区性将会有序地、平和地出现。而后，建立起相互理解的、真正的积极事业方能开始。对于我来说，这一进程已经在我所居住的西方，在描述现代西方的社会想象中开始。但我希望它能以谦逊的方式为更伟大的事业做出贡献。

① Dipesh Chakrabarty, *Provincializing Europe*（Princeton: Princeton University Press, 2000）.

人文与社会译丛

第一批书目

1.《政治自由主义》(增订版),[美]J. 罗尔斯著,万俊人译　48.00 元
2.《文化的解释》,[美]C. 格尔茨著,韩莉译　89.00 元
3.《技术与时间:1. 爱比米修斯的过失》,[法]B. 斯蒂格勒著,裴程译　62.00 元
4.《依附性积累与不发达》,[德]A. G. 弗兰克著,高铦等译　13.60 元
5.《身处欧美的波兰农民》,[美]F. 兹纳涅茨基、W. I. 托马斯著,张友云译　9.20 元
6.《现代性的后果》,[英]A. 吉登斯著,田禾译　45.00 元
7.《消费文化与后现代主义》,[美]M. 费瑟斯通著,刘精明译　14.20 元
8.《英国工人阶级的形成》(上、下册),[英]E. P. 汤普森著,钱乘旦等译　69.00 元
9.《知识人的社会角色》,[美]F. 兹纳涅茨基著,郏斌祥译　26.00 元

第二批书目

10.《文化生产:媒体与都市艺术》,[美]D. 克兰著,赵国新译　29.00 元
11.《现代社会中的法律》,[美]R. M. 昂格尔著,吴玉章等译　39.00 元
12.《后形而上学思想》,[德]J. 哈贝马斯著,曹卫东等译　35.00 元
13.《自由主义与正义的局限》,[美]M. 桑德尔著,万俊人等译　30.00 元

14.《临床医学的诞生》,[法]M. 福柯著,刘北成译 25.00元
15.《农民的道义经济学》,[英]J. C. 斯科特著,程立显等译 42.00元
16.《俄国思想家》,[英]I. 伯林著,彭淮栋译 35.00元
17.《自我的根源:现代认同的形成》,[加]C. 泰勒著,韩震等译 88.00元
18.《霍布斯的政治哲学》,[美]L. 施特劳斯著,申彤译 29.00元
19.《现代性与大屠杀》,[英]Z. 鲍曼著,杨渝东等译 59.00元

第三批书目

20.《新功能主义及其后》,[英]J. 亚历山大著,彭牧等译 15.80元
21.《自由史论》,[英]J. 阿克顿著,胡传胜等译 58.00元
22.《伯林谈话录》,[英]L. 贾汉贝格鲁等著,杨祯钦译 23.00元
23.《阶级斗争》,[法]R. 阿隆著,周以光译 13.50元
24.《正义诸领域:为多元主义与平等一辩》,[美]M. 沃尔泽著,褚松燕等译 24.80元
25.《大萧条的孩子们》,[美]G. 埃尔德著,田禾等译 27.30元
26.《黑格尔》,[加]C. 泰勒著,张国清等译 118.00元
27.《反潮流》,[英]I. 伯林著,冯克利译 48.00元
28.《统治阶级》,[意]G. 莫斯卡著,贾鹤鹏译 98.00元
29.《现代性的哲学话语》,[德]J. 哈贝马斯著,曹卫东等译 78.00元

第四批书目

30.《自由论》(修订版),[英]I. 伯林著,胡传胜译 69.00元
31.《保守主义》,[德]K. 曼海姆著,李朝晖、牟建君译 16.00元
32.《科学的反革命》(修订版),[英]F. 哈耶克著,冯克利译 58.00元

33.《实践感》,[法]P. 布迪厄著,蒋梓骅译 52.00 元
34.《风险社会》,[德]U. 贝克著,何博闻译 17.70 元
35.《社会行动的结构》,[美]T. 帕森斯著,彭刚等译 80.00 元
36.《个体的社会》,[德]N. 埃利亚斯著,翟三江、陆兴华译 15.30 元
37.《传统的发明》,[英]E. 霍布斯鲍姆等著,顾杭、庞冠群译 21.20 元
38.《关于马基雅维里的思考》,[美]L. 施特劳斯著,申彤译 78.00 元
39.《追寻美德》,[美]A. 麦金太尔著,宋继杰译 35.00 元

第五批书目

40.《现实感》,[英]I. 伯林著,潘荣荣、林茂译 30.00 元
41.《启蒙的时代》,[英]I. 伯林编著,孙尚扬、杨深译 35.00 元
42.《元史学》,[美]H. 怀特著,陈新译 89.00 元
43.《意识形态与现代文化》,[英]J. B. 汤普森著,高铦等译 68.00 元
44.《美国大城市的死与生》,[加]J. 雅各布斯著,金衡山译 29.50 元
45.《社会理论和社会结构》,[美]R. K. 默顿著,唐少杰等译 128.00 元
46.《黑皮肤,白面具》,[法]F. 法农著,万冰译 14.00 元
47.《德国的历史观》,[美]G. 伊格尔斯著,彭刚、顾杭译 58.00 元
48.《全世界受苦的人》,[法]F. 法农著,万冰译 17.80 元
49.《知识分子的鸦片》,[法]R. 阿隆著,吕一民、顾杭译 45.00 元

第六批书目

50.《驯化君主》,[美]H. C. 曼斯菲尔德著,冯克利译 68.00 元
51.《黑格尔导读》,[法]A. 科耶夫著,姜志辉译 45.00 元
52.《象征交换与死亡》,[法]J. 波德里亚著,车槿山译 45.00 元
53.《自由及其背叛》,[英]I. 伯林著,赵国新译 48.00 元

54.《启蒙的三个批评者》,[英]I. 伯林著,马寅卯、郑想译 48.00 元

55.《运动中的力量》,[美]S. 塔罗著,吴庆宏译 23.50 元

56.《斗争的动力》,[美]D. 麦克亚当、S. 塔罗、C. 蒂利著,李义中等译 31.50 元

57.《善的脆弱性》,[美]M. 纳斯鲍姆著,徐向东、陆萌译 55.00 元

58.《弱者的武器》,[美]J. C. 斯科特著,郑广怀等译 42.00 元

59.《图绘》,[美]S. 弗里德曼著,陈丽译 49.00 元

第七批书目

60.《现代悲剧》,[英]R. 威廉斯著,丁尔苏译 45.00 元

61.《论革命》,[美]H. 阿伦特著,陈周旺译 59.00 元

62.《美国精神的封闭》,[美]A. 布卢姆著,战旭英译,冯克利校 68.00 元

63.《浪漫主义的根源》,[英]I. 伯林著,吕梁等译 28.00 元

64.《扭曲的人性之材》,[英]I. 伯林著,岳秀坤译 22.00 元

65.《民族主义思想与殖民地世界》,[美]P. 查特吉著,范慕尤、杨曦译 18.00 元

66.《现代性社会学》,[法]D. 马图切利著,姜志辉译 32.00 元

67.《社会政治理论的重构》,[英]R. 伯恩斯坦著,黄瑞祺译 25.00 元

68.《以色列与启示》,[美]E. 沃格林著,霍伟岸、叶颖译 48.00 元

69.《城邦的世界》,[美]E. 沃格林著,陈周旺译 54.00 元

70.《历史主义的兴起》,[德]F. 梅尼克著,陆月宏译 48.00 元

第八批书目

71.《环境与历史》,[英]W. 贝纳特、P. 科茨著,包茂红译 25.00 元

72.《人类与自然世界》,[英]K. 托马斯著,宋丽丽译 35.00 元

73.《卢梭问题》,[德]E. 卡西勒著,王春华译 15.00 元
74.《男性气概》,[美]H. C. 曼斯菲尔德著,刘玮译 28.00 元
75.《战争与和平的权利》,[美]R. 塔克著,罗炯等译 25.00 元
76.《谁统治美国》,[美]W. 多姆霍夫著,吕鹏、闻翔译 35.00 元
77.《健康与社会》,[法]M. 德吕勒著,王鲲译 35.00 元
78.《读柏拉图》,[德]T. A. 斯勒扎克著,程炜译 28.00 元
79.《苏联的心灵》,[英]I. 伯林著,潘永强、刘北成译 28.00 元
80.《个人印象》,[英]I. 伯林著,林振义、王洁译 35.00 元

第九批书目

81.《技术与时间:2. 迷失方向》,[法]B. 斯蒂格勒著,赵和平、印螺译 59.00 元
82.《抗争政治》,[英]C. 蒂利著,李义中译 28.00 元
83.《亚当·斯密的政治学》,[英]D. 温奇著,褚平译 21.00 元
84.《怀旧的未来》,[美]S. 博伊姆著,杨德友译 38.00 元
85.《妇女在经济发展中的角色》,[丹]E. 博斯拉普著,陈慧平译 30.00 元
86.《风景与认同》,[英]W. J. 达比著,张箭飞、赵红英译 68.00 元
87.《过去与未来之间》,[美]H. 阿伦特著,王寅丽、张立立译 58.00 元
88.《大西洋的跨越》,[美]D. T. 罗杰斯著,吴万伟译 108.00 元
89.《资本主义的新精神》,[法]L. 博尔坦斯基、E. 希亚佩洛著,高铦译 58.00 元
90.《比较的幽灵》,[美]B. 安德森著,甘会斌译 48.00 元

第十批书目

91.《灾异手记》,[美]E. 科尔伯特著,何恬译 25.00 元

92.《技术与时间:3. 电影的时间与存在之痛的问题》,
[法]B. 斯蒂格勒著,方尔平译 65.00 元
93.《马克思主义与历史学》,[英]S. H. 里格比著,吴英译 47.00 元
94.《学做工》,[英]P. 威利斯著,秘舒、凌旻华译 39.00 元
95.《哲学与治术:1572—1651》,[美]R. 塔克著,韩潮译 45.00 元
96.《认同伦理学》,[美]K. A. 阿皮亚著,张容南译 45.00 元
97.《风景与记忆》,[英]S. 沙玛著,胡淑陈、冯樨译 78.00 元
98.《马基雅维里时刻》,[英]J. G. A. 波考克著,冯克利、傅乾译 108.00 元
99.《未完的对话》,[英]I. 伯林、[波]B. P. -塞古尔斯卡著,
杨德友译 65.00 元
100.《后殖民理性批判》,[印]G. C. 斯皮瓦克著,严蓓雯译 58.00 元

第十一批书目

101.《现代社会想象》,[加]C. 泰勒著,林曼红译 45.00 元
102.《柏拉图与亚里士多德》,[美]E. 沃格林著,刘曙辉译 54.00 元
103.《论个体主义》,[法]L. 迪蒙著,桂裕芳译 30.00 元
104.《根本恶》,[美]R. J. 伯恩斯坦著,王钦、朱康译 78.00 元
105.《这受难的国度》,[美]D. G. 福斯特著,孙宏哲、张聚国译 39.00 元
106.《公民的激情》,[美]S. 克劳斯著,谭安奎译 49.00 元
107.《美国生活中的同化》,[美]M. M. 戈登著,马戎译 35.00 元
108.《风景与权力》,[美]W. J. T. 米切尔著,杨丽、万信琼译 45.00 元
109.《第二人称观点》,[美]S. 达沃尔著,章晟译 69.00 元
110.《性的起源》,[英] F. 达伯霍瓦拉著,杨朗译 58.00 元

第十二批书目

111.《希腊民主的问题》,[法]J. 罗米伊著,高煜译 48.00 元
112.《论人权》,[英]J. 格里芬著,徐向东、刘明译 62.00 元
113.《柏拉图的伦理学》,[英]T. 厄温著,陈玮、刘玮译(即出)
114.《自由主义与荣誉》,[美]S. 克劳斯著,林垚译 62.00 元
115.《法国大革命的文化起源》,[法]R. 夏蒂埃著,洪庆明译 38.00 元
116.《对知识的恐惧》,[美]P. 博格西昂著,刘鹏博译 38.00 元
117.《修辞术的诞生》,[英]R. 沃迪著,何博超译 48.00 元
118.《历史表现中的真理、意义和指称》,[荷]F. 安克斯密特著,周建漳译 45.00 元
119.《天下时代》,[美]E. 沃格林著,叶颖译 78.00 元
120.《寻求秩序》,[美]E. 沃格林著,徐志跃译 48.00 元

第十三批书目

121.《美德伦理学》,[新西兰]R. 赫斯特豪斯著,李义天译 55.00 元
122.《同情的启蒙》,[美]M. 弗雷泽著,胡靖译 48.00 元
123.《图绘暹罗》,[美]T. 威尼差恭著,袁剑译 58.00 元
124.《道德的演化》,[新西兰]R. 乔伊斯著,刘鹏博、黄素珍译 65.00 元
125.《大屠杀与集体记忆》,[美]P. 诺维克著,王志华译 78.00 元
126.《帝国之眼》,[美]M. L. 普拉特著,方杰、方宸译 68.00 元
127.《帝国之河》,[美]D. 沃斯特著,侯深译 76.00 元
128.《从道德到美德》,[美]M. 斯洛特著,周亮译 58.00 元
129.《源自动机的道德》,[美]M. 斯洛特著,韩辰锴译(即出)
130.《种族与文化少数群体》,[美]G. E. 辛普森、[美]J. M. 英格尔著,马戎、王凡妹译(即出)

第十四批书目

131.《城邦与灵魂:费拉里〈理想国〉论集》,[美]G. R. F. 费拉里著,刘玮编译 58.00 元

132.《人民主权与德国宪法危机》,[美]P. C. 考威尔著,曹晗蓉、虞维华译 58.00 元

133.《16 和 17 世纪英格兰大众信仰研究》,[英]K. 托马斯著,芮传明、梅剑华译(即出)

134.《民族认同》,[英]A. D. 史密斯著,王娟译 55.00 元

135.《世俗主义之乐:我们当下如何生活》,[英]G. 莱文编,赵元译 58.00 元

136.《国王或人民》,[美]R. 本迪克斯著,褚平译(即出)

137.《哲学解释》,[美]R. 诺齐克著,林南、乐小军译(即出)

138.《自由与多元论:以赛亚·伯林思想研究》,[英]G. 克劳德著,应奇等译 58.00 元

139.《暴力:思无所限》,[美]R. J. 伯恩斯坦著,李元来译 59.00 元

140.《中心与边缘:宏观社会学论集》,[美]E. 希尔斯著,甘会斌、余昕译 88.00 元

有关"人文与社会译丛"及本社其他资讯,欢迎点击 www. yilin. com 浏览,对本丛书的意见和建议请反馈至新浪微博@译林人文社科。